びわこの考湖学 1

琵琶湖をめぐる交通と経済力

㈶滋賀県文化財保護協会 編

サンライズ出版

赤野井湾遺跡（守山市）で発見された古代の瓦（滋賀県教育委員会提供）
入港直前、あるいは出港直後に船が転覆し、積載していた瓦が湖中に投げ出されたのであろう

塩津港遺跡（西浅井町）
遺跡から南方の奥琵琶湖を望む。手前が神社遺構

近江名所図　堅田浮御堂周辺（滋賀県立近代美術館所蔵）

歌川広重　近江八景　矢橋帰帆（草津市所蔵、写真は草津宿街道交流館提供）

安土山古写真
内湖に突き出した半島が安土山。内湖が干拓される前の〝湖上に浮かぶ安土城〟を伝える貴重な写真

明治時代の松原内湖（彦根市立図書館提供）
画面右側に東海道線、左側に丸子船が見える

初代船奉行となった芦浦観音寺の詮舜
（芦浦観音寺所蔵　写真は滋賀県立琵琶湖文化館提供）

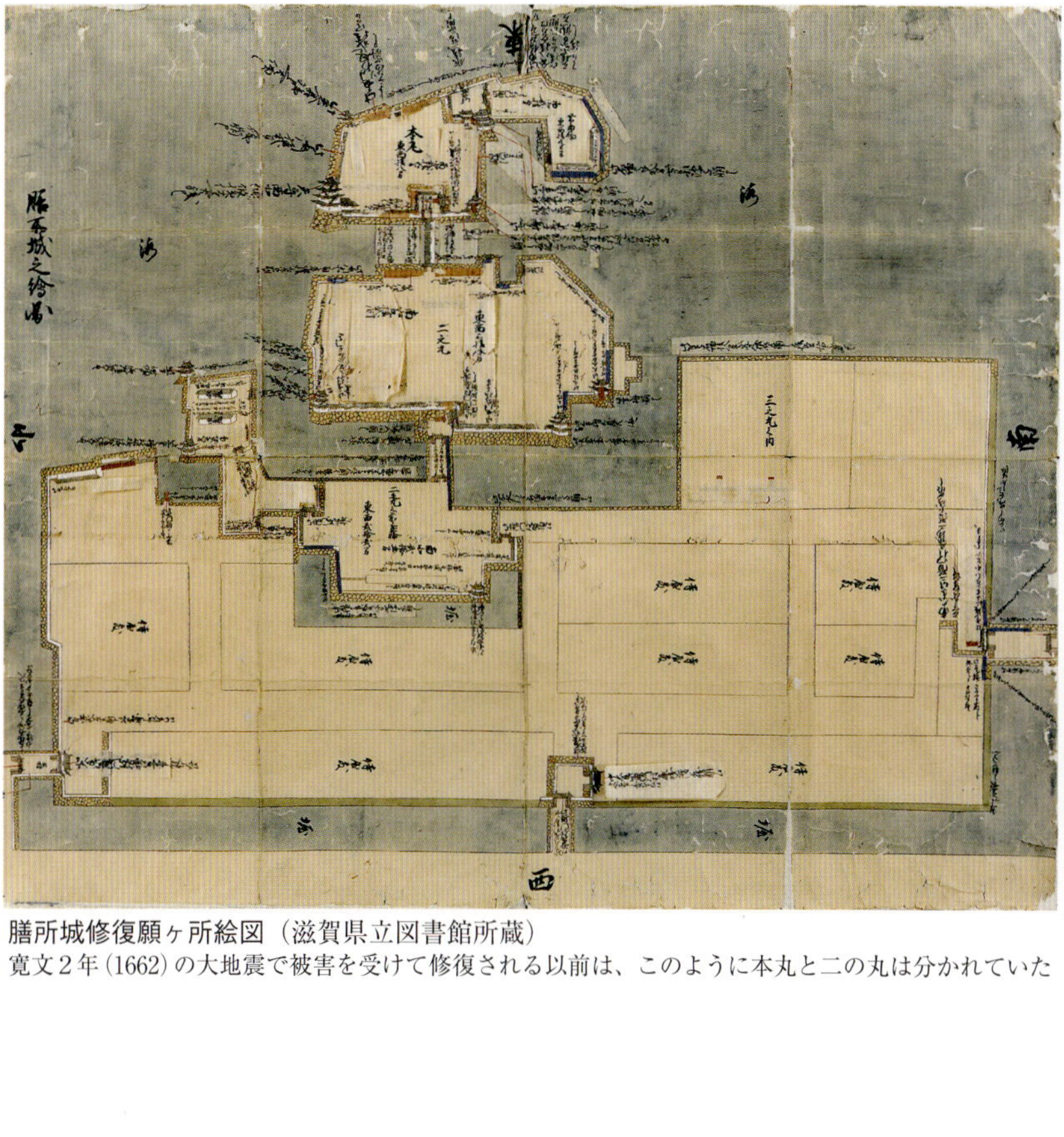

膳所城修復願ヶ所絵図（滋賀県立図書館所蔵）
寛文２年（1662）の大地震で被害を受けて修復される以前は、このように本丸と二の丸は分かれていた

大津町古図（個人蔵　写真は大津市立大津市歴史博物館提供）

寛保２年（1742）の大津町絵図。旧大津城を中心に城下のようすが描かれている

発刊にあたって

滋賀県には、数多くの優れた文化財が伝えられ、身近に存在しています。けれどもそれらは、あまりに身近すぎたり、生活と密着しているために、その価値には意外に気付かないこともあります。

滋賀県内に所在します多種多様な文化財や、滋賀県を舞台として展開した歴史をみますと、その中核を成しているのは「琵琶湖」の存在です。琵琶湖はこれまで、早くから「淡海」として多くの歌人が詠じ、環境面や文化面などからも研究されてきました。

このたび、財団法人滋賀県文化財保護協会では、産経新聞社のお薦めにより、平成二十年一月から毎週、産経新聞滋賀版において『びわこの考湖学《こうこがく》』と題した連載を始めさせていただいています。そこでは、湖国近江と琵琶湖をめぐる歴史や様々な文化財を、一定のテーマに基づいて改めて見直し、滋賀県の文化財の魅力をより多くの方々に知っていただくことを目標にしています。

その第一歩として、「琵琶湖をめぐる交通と経済力」というテーマで連載しました。日本の歴史を考えるとき、琵琶湖・近江の歴史を考えなければ解けないことはたくさんあります。

琵琶湖は日本の東西を離すものなのか、それとも繋いだのか、それらを歴史から探ることは大きな魅力でもあります。執筆は滋賀県で埋蔵文化財の発掘調査を担当している当協会職員が分担し、滋賀県の文化財を、わかりやすく楽しく読んでいただけるよう心がけました。

うれしいことに連載中から、多くの読者の方から「ぜひ冊子としてまとめてほしい」という声をいただいていました。そこで、第一シリーズ全六十五回を『びわこの考湖学一―琵琶湖をめぐる交通と経済力―』として、一冊の本にまとめさせていただくことにいたしました。

現在は、第二シリーズ「琵琶湖をめぐる信仰の世界」の連載が始まっています。今後も琵琶湖を取り巻く様々なテーマで、滋賀県の豊かな文化財を紹介していきたいと考えています。この連載が新しい琵琶湖像に光を与える一助となり、本書により滋賀県の歴史、文化／文化財に触れていただき、次代へ受け継いでいかなければならない歴史的文化遺産の大切さを知っていただければ幸いです。

最後になりましたが、この連載の機会を与えていただき、冊子とすることを快くご承諾いただきました産経新聞社大津支局、および格別のご協力を賜りました関係機関・関係各位に、厚くお礼申し上げます。

平成二十一年十月

財団法人滋賀県文化財保護協会　理事長　三谷　健太郎

目次

〔凡　例〕

・本書は、平成二十年一月十日から平成二十一年五月三十一日まで、産経新聞滋賀版において連載した『びわこの考湖学《こうこがく》』第一部をまとめたものである。

・掲載写真については、所蔵者・所有者のお名前を「協力者」として巻末にまとめて掲載させていただくとともに、各写真にもあわせて記載した。

・執筆に当たって各執筆者が参照した参考文献は、巻末にまとめて掲載した。

・執筆担当者名は、各節末に記載した。連続する複数の節を担当した場合、執筆担当者が変わるところに記載した。

・執筆担当者名一覧は、巻末に五十音順で掲載した。

・本書の編集は、財団法人滋賀県文化財保護協会とサンライズ出版が共同してあたった。

序章　琵琶湖をめぐる交通と経済力

古代近江に設けられた宮から―近淡海の国への眼差し―

琵琶湖をとりまく近江、現在の滋賀県には、天智天皇の近江大津宮（六六七～六七二）、聖武天皇の紫香楽《しがらき》（甲賀）宮（七四二～七四五）、淳仁天皇・孝謙上皇の保良宮《ほら》（七五九～七六二）といった宮が設けられています。これらの事例を除くと、畿内以外の地域に宮が設けられ、政治を行ったことはありませんので、きわめて異例のことであったことがわかります。

なぜ、畿外の地でありながら国家の中枢を担った時期があったのでしょうか。それぞれの宮の歴史的背景について概観することにより、それぞれの個性を見出すことにしましょう。

百済滅亡後の緊迫した東アジア情勢の中で、日本海ルートの終着点である大津に宮が設けられたのは、琵琶湖水運を中核とする「交通と経済」という個性が際だっていたことによります。ちなみに、古代において「大津」と呼ばれた港は、琵琶湖の大津の他には、筑紫大津（現在の博多）があるのみですから、その重要性は容易に推し量ることができます。

鎮護国家の中核として後に東大寺に引き継がれた大仏造営の最初の地として紫香楽が選ばれたのは、琵琶湖を取り巻く霊山群の中に位置することから「信仰」という個性が際だっていたことによります。

平城宮修造の折、北京として造営された保良宮は、後に近江八景にうたわれた琵琶湖や瀬田川畔のすぐれた「景観」という個性に引き寄せられたのでしょう。

日本列島に住まう人々の近江の地に対する眼差しが反映され、これらの宮をつくりあげたことがわかるのです。

本書では、琵琶湖周辺地域である近江を彩る個性のうち、琵琶湖をめぐる「交通と経済」を取り上げることにします。

東西《とうざい》二陸《にりく》之《の》喉《のみど》―日本物流の大動脈―

塩津港遺跡の復元想像図。手前に神社があり、川から琵琶湖へと船が出ていく

奈良時代の近江国司であった藤原武智麻呂《むちまろ》の伝記（『藤氏家伝』）の中で、近江国を「宇宙有名之地《あめのしたになのあるところ》」、つまり近江は天下で名だたる地であると表現しているのをご存じでしょうか。

では、何をもって名だたる地であると言うのでしょうか。

「東交不破」東は不破《ふわ》、つまり東海圏に交わり

「北接鶴鹿」北は鶴鹿《つるが》（敦賀）、つまり日本海の玄関口に接し

「南通山背　至此京邑」南は山背《やましろ》に

通じ、畿内へとつながっていき、かつ、縦横に巡らされた陸路や水路は「東西二陸之喉也《とうざいにりくののみどなり》」と記されています。

文字によって様々なことを書き表すようになった奈良時代から、すでに琵琶湖をめぐる地域である近江が、日本列島を結ぶ東西南北の要であると認識されていたのです。

古代以来、中国大陸や朝鮮半島との交流を考えるとき、まず思い浮かぶのが北部九州から瀬戸内海を通って大阪湾周辺に上陸するというルートです。しかし、高句麗もしくは渤海といった朝鮮半島北部との交流の多くは、日本海を渡って北陸地方に上陸し、琵琶湖を南下して大津で上陸して畿内に到るというものでした。いわば国際交流のサブルートとしての日本海ルートに琵琶湖の水運が位置づけられていたことがわかります。

この琵琶湖水運は平安時代にも踏襲され、北陸道と東山道の税は琵琶湖を経由して平安京へと運ばれていたことが『延喜式《えんぎしき》』などに記されています。つまり、東日本のうち太平洋側に位置する東海道諸国以外の全ての税（単純計算でいうと日本全体のおよそ四分の一）が琵琶湖上に浮かんでいたことになるのです。

その後戦国時代末期になると、天下人であった織田信長、豊臣秀吉、徳川家康は琵琶湖に対して並々ならぬ力を注ぎます。信長は安土城をはじめとして坂本城、長浜城、大溝城といった城郭ネットワークを形成して琵琶湖支配を目論み、秀吉は大津城を築いて大津百艘船を編成することにより琵琶湖支配を完成します。家康は膳所城と彦根城を築くことによって琵琶湖のみならず西日本ににらみをきかせることに成功するのでした。

江戸時代初期には大坂蔵屋敷に先行して大津蔵屋敷が日本の米相場を動かしていた時期もあったのですが、河村瑞軒《かわむらずいけん》の開発した西廻り航路によって琵琶湖水運は衰退していきました。

しかしその一方では、平清盛以来二十世紀に至るまで、塩津と敦賀を運河で結ぼうという計画が幾度も持ち上がりました。これは日本海側と太平洋・瀬戸内海とを一気に結ぶものとして切に求められていたのです。

元禄９年（1696）の帳面にある丸子船のうち、50石以上の丸子船が見られた所とその数を示している。

古くから近年まで、琵琶湖は日本列島を結ぶ東西南北の要であると認識され、きわめて個性的な歴史をたどったのでした。

琵琶湖は列島物流の大動脈でありました。そこで生み出された富はきわめて大きいものであったことは想像に難くありません。現在の滋賀県には全国屈指の質量を誇る文化財が伝えられていますが、これらが生み出され、守り伝えられていくにあたっては、琵琶湖の持つ経済力が大きな背景となっていたのです。

本書は、埋蔵文化財の発掘調査をはじめとする様々な文化財にかかわる業務を行う財団法人滋賀県文化財保護協会の職員が、平成二十年一月から産経新聞滋賀版において連載した「びわこの考湖学」をもとに単行本化したものです（現在も連載継続中）。

日本列島の中でもひときわユニークな歩みをしてきた琵琶湖周辺地域を「考古学の目」で通史的に述べることを主眼にしています。数ある琵琶湖論の中ではいささか個性的な構成と内容になっているかもしれません。

読者の皆様が、本書との出会いによって琵琶湖あるいは近江の新たな魅力を「発掘」していただけたならば、望外の喜びです。

（畑中英二）

第一章

東西南北を結ぶ琵琶湖

湖西の高台から眺める琵琶湖南湖。北湖の港で物資を積んだ船が次々と大津の港を目指したと考えられ、運河をイメージさせる

第一節　日本海ルートの終着点としての琵琶湖

一、近江大津宮の歴史的背景

古代屈指の政変である乙巳《いっし》の変（大化の改新）の後のこと、友好国であった百済が唐・新羅連合軍によって滅ぼされました。当時の政府首班であった中大兄《なかのおおえ》皇子（後の天智天皇）は、百済復興を支援するために朝鮮半島へと出兵しました。しかし、六六三年の白村江の戦いにおいて、倭・百済連合軍は唐・新羅連合軍に惨敗し、対外的な脅威を抱えることになったのです。

北部九州から近畿にかけての瀬戸内海沿岸に多数の山城を築くなど、国防を充実させる中で、六六七年三月に飛鳥から大津へと宮を遷し、中大兄皇子は即位して天智天皇となります。ただ、この遷都の理由は諸説あり、明らかではありません。

しかし、宮の周辺において行われてきた考古学的調査から、幾つもの重要な知見が得られ、その「理由」を明らかにする鍵を見出すことができます。

大津宮の周辺にあたる大津市の三井寺から坂本あたりまでの地域では、六世紀前半頃から柱を塗り

大津宮跡。現在は住宅や公園になっている（大津市錦織）

隠す現在の土蔵のような建物（大壁《おおかべ》建物）やオンドル（朝鮮半島や中国の東北部で普及している床下暖房設備）に似た施設、簪《かんざし》や腕輪といった装飾品など、当時の日本列島ではほとんど見られない遺構や遺物が多数見つかっています。これらはいずれも朝鮮半島系の文物であり、朝鮮半島系の渡来系集団が居住していたことを示すものなのです。文献史料からも、倭漢人《やまとのあやひと》系の「志賀漢人《しがのあやひと》」と呼ばれる集団であったことがわかっています。

六世紀までの渡来系集団は幾つかの場所に分かれて居住しており、その一つが飛鳥であり大津であったのです。

七世紀になると飛鳥、難波、大津に宮が置かれます。渡来系集団や港といった共通要素があることに気づきます。あまり広く知られていませんが、天智天皇が大津から、さらに宮を移そうともくろんだ場所があります。そこは、当時「匱迮《ひっさ》」（現在の滋賀県蒲生郡日野町必佐）と呼ばれた場所で、多くの亡命した百済遺民が居住していました。つまり、当時の王権と渡来系集団は密接な関係にあったと考えられるのです。

では、彼らはどの様な役割を担っていたのでしょうか。

例えばこれらの氏族の中には「曰佐《おさ》」という仕事に就いていた人が多数知られています。「曰佐」とは通訳のことなのです。彼らは日本列島に住まいながらも、完全に同化することなく、特長を活かして列島と半島の架け橋的な役割を担っていたのです。

また、彼ら渡来系集団は文字の使用に長けており、当時日本列島では知りえない知識や技術を持っていたことも知られています。

長らく分裂していた中国が隋(五八一～六一八)さらに唐(六一八～九〇七)によって統一されることにより、東アジア世界は新しい局面を迎えていました。当然のことながら海外事情を注視し、素早く対応する必要があったのでしょう。激動の七世紀、中大兄皇子は海外事情通でもある渡来系集団と密接な関係をもっていたことは、想像に難くありません。大津への遷都は、このような事情を背景にしていたのです。

なぜ渡来系集団が琵琶湖のほとり、大津に居住していたかについては、次に明らかにしていくことにします。

二、ミナトは八十あり

『万葉集』には琵琶湖について「八十《やそ》の湊《みなと》に」、「湖《みなと》は八十《やそち》」「泊《とまり》八十あり」などとうたわれています。実際に八十カ所の港が古代の琵琶湖に存在していたことを示しているのではなく、「琵琶湖にはたくさんの港がある」ということを意味しているのです。また、「大津」をはじめとして、「唐崎」「比良浦」「真長浦」「阿渡水門」「塩津」「菅浦」などといった港が多く詠みこまれています。また古代における琵琶湖の港については歌以外からも知ることができます。

現在の野洲市西河原周辺は、古代においては「馬道郷」と呼ばれていたようです。「馬」の「道」、すなわち主要な道路が通っており、それにかかわる施設が存在していたことを示しています。西河原周辺に位置する遺跡（西河原遺跡群）からは、規模の大きな建物や倉庫、大量の土器や木製品が出土しています。中でも役所的な性格を示す木簡（木の札に文字を記したもの）が多量に見つかっている

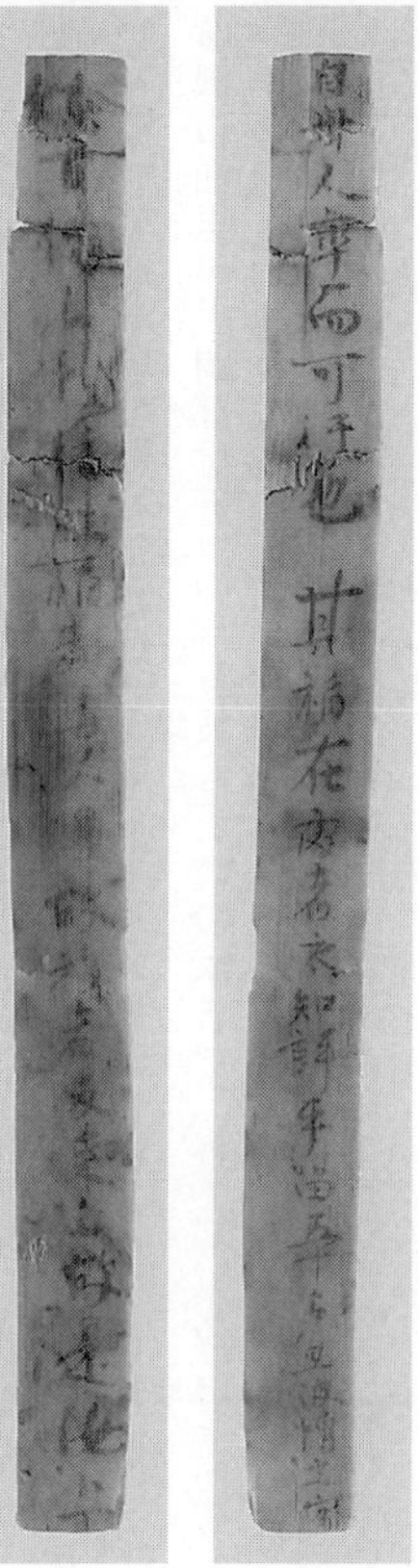

野洲市の西河原遺跡から出土した木簡の両面。稲を彦根から船で運んで来るようにとの指示が記されている

ことで広く知られています。

西河原森ノ内遺跡二次二号木簡と呼んでいるものには、琵琶湖周辺の交通について記されています。七世紀後半頃の木簡で、長さ四十一センチ、幅三・五センチ、厚さ二ミリの板両面に、「椋《くら》」という人が「稲」を運ぶ馬を得ることができなかったので、「卜部《うらべ》」という人に「衣知評平留五十戸《えちのこおりへるのさと》」（現在の彦根市稲里・上岡部付近）の「旦波博士《たにわのはかせ》」の家まで「舟人」を率いて取りに行くようにとの指示が記されていました。つまり、稲を馬で運ぶことができなかったので、船で運べというのです。

西河原遺跡群の位置する地点は、現在では湖岸から三・五キロ程離れていますが、当時の湖岸線は程近いところまで迫っていました。つまり、西河原遺跡群の付近には、港があったと考えられます。ただ、木簡に記されているように水上交通のみではなく、陸上交通路も発達しており、どちらを選択してもよかったということになるのでしょう。

琵琶湖岸の標高八十六～八十八メートル前後に古代の瓦が採集されている地点が二十カ所以上もあります。これらの地点は、湖岸線の復元から、水路によって琵琶湖と直結していたり、琵琶湖（もしくは内湖）に直面していたことが推測されています。古代の瓦は寺院もしくは役所などに葺《ふ》かれていたことから、そこに港湾施設があったのではないかと考えられています。

つまり、文献からも考古資料からも、琵琶湖岸には八十カ所とはいわないまでも、数多くの港湾施設が点在していたことがわかります。また、西河原森ノ内遺跡二次二号木簡からもうかがわれるように、それらは陸上交通路とも結ばれていたのです。

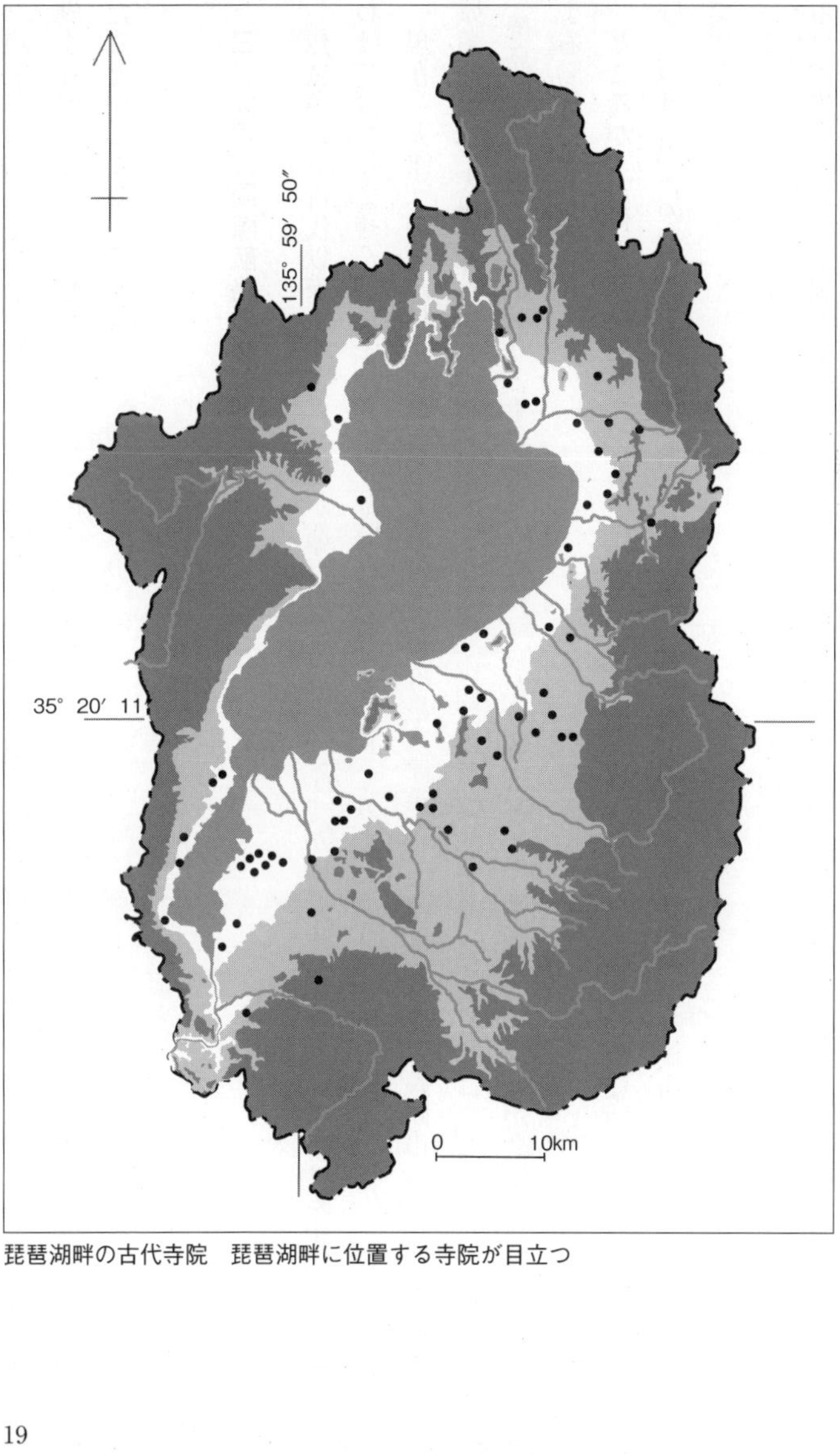

琵琶湖畔の古代寺院　琵琶湖畔に位置する寺院が目立つ

陸上交通が発達した現在、琵琶湖は厄介な障害物のようにもとらえられがちですが、かつては琵琶湖を運河さながらに船が行き交い、陸上の交通路と密接にからみ合った交通体系が作り上げられていたことがわかるのです。

三、大津は国際航路の終着港

琵琶湖には古代以来たくさんの港があったとはいえ、全てが同じような役割、重要性を担っていたわけではありません。まず「大津」という地名に着目してみましょう。

現在「大津」の名が付く地名は、大津町(大阪府泉大津市)、大津区(兵庫県姫路市)、大津町(熊本県菊池郡)、大津(神奈川県横須賀市)、大津郡(山口県に二〇〇五年まで存在していました)、大津町(徳島県鳴門市)などがあります。電車の駅名にも九カ所ほどあります。いずれもが港であったことによる名称です。

ところが、古代の記録をさぐってみると、「大津」と呼ばれた港が二カ所しかないことに気づきます。ひとつは、現在の滋賀県大津市にある「大津」。もうひとつは現在の福岡県福岡市にある「筑紫大津」です。

この「筑紫大津」は、朝鮮半島・中国大陸からの玄関口であり、後に「博多」と呼ばれるようになる日本史上極めて重要な港のひとつでした。鎌倉時代に元が日本上陸を試みた際に、その足がかりにしようとしたのが博多であったことを思い起こすと、その重要性をあらためて認識することができるでしょう。

筑紫大津へ寄港した船は、瀬戸内海を東へと進み、難波津《なにわづ》（現在の大阪湾）に上陸し、平城京などの都へと向かったのです。逆に日本から半島・大陸へと向かう際には、筑紫大津から船出をしたのです。

では、琵琶湖の大津はどの様な港であったのでしょうか。

半島・大陸からは筑紫大津経由難波津の瀬戸内海ルートだけではなく、日本海を東に向かって越前や能登などで上陸し、琵琶湖を経由する日本海ルートもあったのです。神亀四年（七二七）から延長七年（九二九）にかけて三十回を超える往来があった渤海使および遣渤海使はこのルートを用いています。

また、五七〇年と五七三年に高句麗の使者が越国《こしのくに》に漂着した事例があることから、彼らも日本海ルートを用いていたと考えられます。平安時代には唐や新羅の人々が日本海側に漂着していますので、国交のみではなく、私的な交易などでも

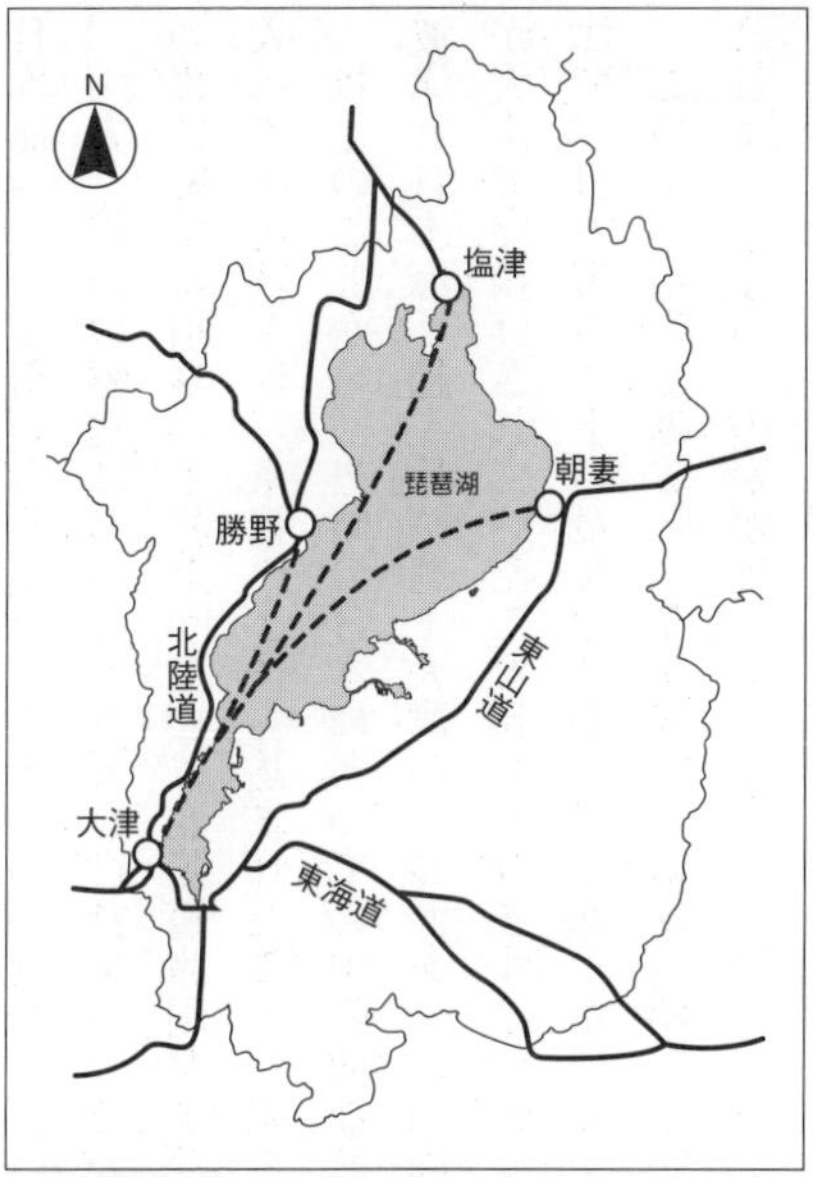

北陸道諸国や東国の物資が琵琶湖を経由して、大津に集中した

日本海ルートを用いられていたことがわかります。

一方、国内の輸送においても重要な役割を担っていました。例えば、平安時代に入ると『延喜式』の税に関する項目「主税上《しゅぜい》」などに北陸道諸国および東国の物資が、塩津・勝野などの港を経由して、大津で陸揚げされ、京都へと持ち込まれたことが記されています。

以上のことから、当時の日本にとっての国際的な航路としては、玄界灘―筑紫大津―瀬戸内海―難波津と日本海―越《こし》―琵琶湖―大津の二つがあり、国内の貢納物輸送に関してもおびただしい量の物資が大津で陸揚げされていたことがわかります。つまり、都からみた瀬戸内海ルートの最後の港が難波津で、日本海ルートの最後の港が大津であったのです。

このようにみてみると、なぜ大津に曰佐《おさ》（通訳）が居住する必要があったのか、なぜ大津に宮が置かれるようになったのかが理解できます。琵琶湖には「湊は八十あり」といえども、日本海ルート終着点にして最大の港は、「大津」であったのです。

（畑中英二）

第二節　急がば回れ瀬田の長橋

瀬田橋の復元模型

一、瀬田橋を渡った人々

琵琶湖を考える上で非常に重要な要素となるのが瀬田橋です。この橋については、いくつかの名称がありますが、本書では現在の橋脚は「瀬田唐橋」、江戸時代以前のものは「瀬田橋」と表記します。滋賀県教育委員会のお家芸ともいえる潜水調査により、瀬田川にかかる瀬田唐橋の下流約八十メートルの川底で、奈良時代から中世にわたる四時期の橋脚遺構が発見されました。

最も古いものは川底を丁寧に整地した後、樫の丸太材を縦横に並べて基礎とし、その上に約四十五センチ角、長さ約六メートルの檜材六本を扁平な六角形に組み、浮き上がりを防ぐために多量の石が載せられていました。こうした土台の上に橋脚を立てていたのです。

飛鳥時代ごろの瀬田橋橋脚台の遺構。現在の唐橋の約80メートル下流で発掘された（大津市、滋賀県教育委員会提供）

この橋脚は、当時の日本列島では他に例を見ない構造で、新羅王京である慶州（現在の韓国・慶州）で七世紀後半に構築された月精橋に類例があるものです。

ここに橋が架けられた理由としては、大津市錦織周辺にあったと考えられる「近江大津宮」にあります。ここを中心に交通体系が整備される中で、東海道・東山道が瀬田川を渡河して東行することを余儀なくされたと考えられるのです。つまり、瀬田橋は、琵琶湖の東西を結ぶ唯一の陸路でした。

では、古代から中世にかけて、どの様な人々が瀬田橋を渡ったのでしょうか。

まず、壬申の乱（六七二年）です。東山道を南下した大海人皇子軍と近江大津宮から打って出た大友皇子軍が、相まみえた最後の戦場が瀬田橋でした。天平宝字八年（七六四）の恵美押勝《えみのおしかつ》の乱では、押勝は近江掌握のために瀬田橋を渡ろうとしましたが、橋を焼かれ、やむなく越前に向かおうとします。しかし、それもかなわず高島勝野で斬殺されるに至りました。

寿永二年(一一八三)七月、源氏の太田次郎兼定《おおたじろうかねさだ》と倉光冠者《くらみつのかじゃ》が平知盛《たいらのとももり》と橋を挟んで合戦。翌寿永三年一月には源義仲《みなもとのよしなか》が源範頼《みなもとののりより》との合戦に備え、今井四郎兼平《いまいしろうかねひら》を瀬田橋に配しました。

承久三年(一二二一)の承久の乱でも、瀬田橋をめぐる攻防がありました。後鳥羽上皇軍の防御線のひとつが瀬田橋であり、宇治の戦いで幕府軍が勝利を収めた後、上皇軍が瀬田橋の防御を解くや幕府軍が京都へとなだれ込んだといいます。建武三年(一三三六)には足利直義らと名和長年らが瀬田橋において合戦しています。

瀬田橋の軍事上の重要性を物語るには、本能寺の変の事例が参考になるので詳しくみてみましょう。瀬田橋東詰に山岡景隆の瀬田城がありました。織田信長恩顧の景隆は、本能寺で信長を討った明智光秀が京都から安土城に入ろうとしていることを察知。事前に橋を落とし、居城に火を放って山中にこもります。

光秀は橋の西詰で立ち往生した末に、居城坂本城へと引き返し、四日間の足止めを食いました。最終的に光秀側が橋を補修し、安土入りを果たすのですが、光秀軍はなぜか瀬田橋の通過にこだわり、この足止めの間に秀吉は巻き返しを図ることができたのでした。

瀬田橋は、幾多の戦乱の舞台となっていることからもうかがわれるように、大津宮—畿内(平城京)—平安京—京都といった歴代の「首都」といわゆる東国とが対峙《たいじ》する際の、最後の防衛線のひとつだったのです。武田信玄が臨終のときに「我が旗を瀬田橋に立てよ」と言ったという伝説めいた話があります。事実ではないにせよ「唐橋を制するものは天下を制す」というイメージが共有されていたことがわかります。

軍事以外のエピソードでは、京都（平安京）から伊勢斎宮への斎王群行が利用していますし、建久六年（一一九五）に東大寺落慶供養で上洛した源頼朝も渡っています。いずれも数百人からなる行列でした。小人数で渡った人々もいましたが、さほど目立ちません。一方で、寛仁四年（一〇二〇）十二月、『更級日記』の作者、菅原孝標《すがわらのたかすえ》の女《むすめ》が「勢多の橋みなくづれて、わたりわずらふ」と記しているように橋が落ちていて渡れなかったとする記事は幾つか見られます。恒常的な管理は難しかったことがうかがわれます。

二、瀬田橋を渡らなかった人々

次に瀬田橋を渡らなかった人々についてみることにしましょう。

古代の瀬田橋を渡らなかった人々については、具体的に示す資料はほとんどありません。知られているのは延喜十六年（九一六）、宇多法皇《うだほうおう》は石山寺参詣にあたって船を用い、瀬田橋のたもとで下船していること、天禄元年（九七〇）、藤原道綱《ふじわらのみちつな》の母が石山寺参詣のあと、瀬田橋を船で通り過ぎ、打出《うちで》浜《はま》（大津市）へと向かったことなどくらいです。

ただし、これらの事例や、平安時代末期の源平合戦の様子を見ていると、既に水路が盛んに用いられていたことが推測できます。

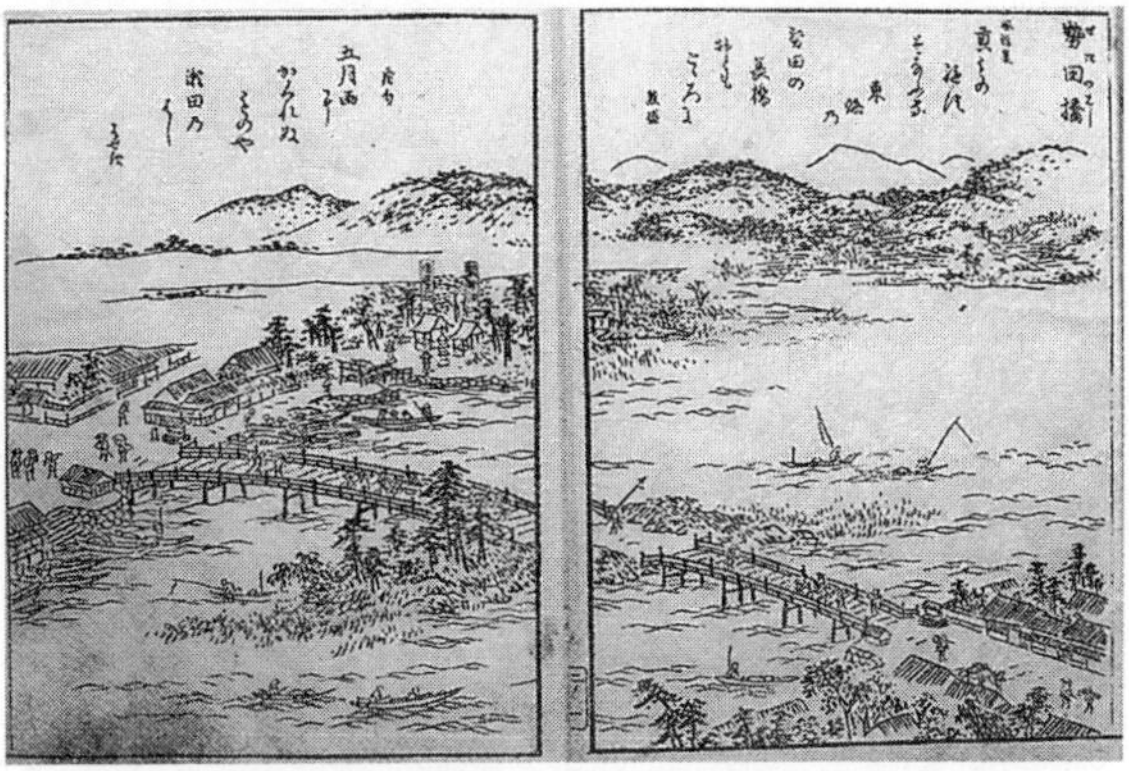

江戸時代の『伊勢参宮名所図絵』（草津市立草津宿街道交流館所蔵）に描かれた瀬田橋

瀬田橋を経由しない水路の主要な港、矢橋《やばせ》（草津市）は、『万葉集』にその地名が見えています。時代が下がって「近江八景」にもそのひとつとして「矢橋の帰帆《きはん》」が選ばれており、伝統的な港として機能していたことがうかがわれるのです。

中世に入ると個人的な記録類が豊富になりますので、小人数の旅行などを記したものがみられるようになります。長享年間（一四八七～八九）には、京都の相国寺の僧侶や一《いち》条《じょう》冬良《ふゆよし》、近衛尚道《このえひさみち》らが六角征伐で鈎《まがり》（現在の栗東市）に置かれた将軍、足利義尚《あしかがよしひさ》の陣へと往来する際、大津—矢橋・山田の水路を用いていたことが知られています。このように、瀬田橋を経由しない往来の方法がとられているのです。

一方、例外的に大人数の移動にあたって水路を用いた人物が幾人かいました。北畠顕家《きたばたけあきいえ》、斯波義寛《しばよしひろ》、徳川家康らです。

建武三年（一三三六）に足利尊氏を破った北畠顕家は、三日間かけて五千人の軍勢を七百艘余りで矢橋・山田・志那港から大津坂本へと移動させています。明応元年（一四九二）、足利義材《あしかがよしき》軍の斯波義寛が下坂本から志那浜（草津市）へ移動した時には、二千人の軍勢が百四十艘程度の船で渡っています。

そして徳川家康は関ヶ原合戦後、慶長九年（一六〇四）の上洛にあたって、瀬田橋が落とされていた（とされる）ことから、琵琶湖の水運を掌握していた芦浦観音寺に働きかけ、浦々の水運業者を動員して、矢橋—大津ルートの水路で移動したのです。

『万葉集』にもうたわれたように、琵琶湖沿いに設けられた陸路の湖岸側には多くの「港」がありました。ただし、歴史的の流れをみても明らかなように、それぞれの地域の領主との結びつきが強い小規模な港が多く、全体として統率されることのない傾向にあったのです。

さらに恵美押勝の乱の際、押勝が乗っていたのは妻子三、四人しか乗っていないような小船でした。木曽義仲が山田・矢橋から東坂本へ渡った船の規模は明らかではありませんが、決して大きくはなかったといいます。

北畠顕家ら五千騎は七百余艘、斯波義寛ら二千人は百四十艘、山名豊時《やまなとよとき》ら三百人は十九艘、山名政之《やまなまさゆき》ら三百人は十八艘で渡っていますので、七人から最大でも十五人乗り程度であったことがうかがわれるのです。

琵琶湖の水運を担っていたのがこのような小船ばかりだったとすれば、湖上を舞台に軍事的な攻防が繰り広げられたという風景は見えづらく、軍事利用はせいぜい、人馬の輸送に留まるものであったことがわかります。

加えて多くの小規模港に影響を及ぼしているのが分散した小勢力とあれば、大人数の移動にあたって多くの船を一斉に動員するために、政治的、経済的な困難が存在するのは明らか。従って、ゲリラ的な戦いを除く本格的な軍事的行動の際には、水上交通（水路）に依存しない在り方が選択されたとみてよいでしょう。

三、陸路か水路か「急がば回れ」

「武士《もののふ》のやばせの舟は早くとも急がば廻れ瀬田の長橋」という歌があります。これは後世、琵琶湖を横断する水路の方が近くて早いが、大回りでも水難のない瀬田橋を経由した方が安全、確実だと詠んだものだと解釈されました。よく知られている諺、「急がば回れ」の原形なのです。

「瀬田へ回れば三里の回り　ござれ矢橋の舟にのろ」という歌もあります。「急がば回れ」とは正反対で、回り道をするぐらいなら船に乗った方が早くて便利だという水運業者のコマーシャルソングなのです。

これらは、大津松本―矢橋・志那ルートの水路と瀬田橋経由の陸路の在り方からくる諺・俗謡です。陸路に比べると風待ちなどの不便さはあるものの、楽で速い水上交通の方が一般的だったという、発達した水上交通を端的に示すものなのです。

このように、個人的な旅行の際には、水路を用いることが多かったことがわかりますが、大人数での移動の際にはどちらを用いたのでしょうか。

まず、京都と伊勢を往来した伊勢斎王群行は、瀬田橋を渡りました。瀬田橋が破損しているときには、船で浮橋をつくって渡ることもありました。軍事では、壬申の乱から本能寺の変に至るまで瀬田橋をめぐる攻防が繰り返されましたし、東から西、西から東に大軍が移動する際には瀬田橋を経由して行軍することが一般的でした。

そういった利用が前提だったこともあり、維持管理は民間ではなく、国家もしくは幕府、近江国守護などが行ってきたのでした。つまり、瀬田橋の維持は、国家などが威信をかけて行う事業だったのです。では、なぜ軍事的行動には船を用いなかったのでしょうか。それは、琵琶湖の港の特質によるものと考えられます。

琵琶湖の南半分(南湖)は、水深が浅く大型の船舶を係留することが困難で、当時湖上を走っていたのは小規模な船でした。更には「八十湊」と呼ばれるように湖畔には統率されていない中小の港が群立していました。つまり、船で大人数で一斉に移動しようとすると、方々の港に声をかけて船を一カ所に集結させるという非常に面倒かつ困難なことが求められたのでした。

仮に、数艘の船で大勢の敵のいる対岸へとピストン輸送したならばどうなるでしょうか。着岸するやいなや、敵兵に囲まれてしまったに違いありません。

では、北畠顕家、斯波義寛、徳川家康は、なぜ船で軍事的行動ができたのでしょうか。共通する理

日本史のなかで重要な役割を果たしてきた瀬田唐橋（大津市）

由は、すでに終戦段階で対岸に敵が存在しなかったことに加え、俊敏な移動を前提としなかったからです。

このように、瀬田橋を渡った人々と渡らなかった人々をみることにより、琵琶湖の東西をめぐる交通がどのように位置づけられていたかがわかります。

琵琶湖は、都と東国間にある非常に重要な防衛線でした。その上、小規模な港が群立しているので、戦乱のさなかには船を用いての一斉移動が困難です。そのため軍勢は、東からも西からも瀬田橋を通過しようと試みたのでした。

その結果、都と東国をめぐる戦いでは、瀬田橋が主戦場のひとつとなってきました。まさに、「唐橋を制するものは天下を制す」のです。一方で、軍事的行動や公式の儀礼的な旅以外は、「瀬田へ回れば三里の回り」とばかりに船で移動することが一般的でした。

（畑中英二）

探訪

瀬田唐橋と龍王宮秀郷社

京阪唐橋前駅から東へ旧東海道を二百メートルほど進むと、瀬田唐橋があります。

唐橋という名称は『平家物語』にみえますが、古くは瀬田橋と呼ばれ『日本書紀』の壬申の乱の最後の戦場として登場します。

幾たびもの戦乱によって橋が掛けられなかった時期もありましたが、天正三年（一五七五）七月には織田信長が橋を復興し、天正四年（一五七六）ごろには、現在と同じく、中島の東の大橋と西の小橋の双橋からなっていたことが知られています。それ以降の橋の位置は現在とほぼ同じ位置だったようで、構造図や架け替えの記録なども残っています。

現在の橋は昭和五四年（一九七九）に架けられたコンクリート製で、欄干には擬宝珠《ぎぼし》が施されています。擬宝珠の一部には江戸時代と明治時代のものが今も使われています。銘文には架け替えの年と、時の膳所藩主、

下流（南）からみた瀬田唐橋
左から、西詰、小橋、中島、大橋、東詰、龍王宮秀郷社・雲住寺

奉行、棟梁などの名が彫られています。

夕焼けが照らし出す瀬田唐橋の様子は多くの詩歌に詠われ、近江八景のひとつ「瀬田夕照」として名所図会や浮世絵にも登場しています。

橋の東詰の下流約五十メートルには、龍王宮秀郷社（橋守神社）とその別当寺であった雲住寺があります。神社には橋の守護神（竜神）と、俵藤太《たわらのとうた》秀郷（藤原秀郷）が合祀《ごうし》され、寺には「江州勢田橋畔二社縁起」など俵藤太伝説の遺品が伝えられています。

俵藤太伝説は、瀬田橋に横たわる大蛇を臆《おく》せずまたいで歩く秀郷に、大蛇の姿に化けた竜神が、三上山を七巻き半する大ムカデを退治してくれるよう願う物語。秀郷は関東で勃発した平将門の乱を鎮めたとされる実在の人物で、ムカデは将門の勢力を例えたともいわれます。

瀬田橋の下の水底には竜宮があったという伝承もあります。瀬田川より向こう側とこちら側とはちがう世界で、瀬田橋が二つの世界のつなぐものとしてとらえられていたことを示しているのかもしれません。

瀬田唐橋の東詰を下流にさらに百五十メートルほど歩くと、「勢多古城址碑」「瀬田城趾」の石碑があります。伝瀬田城跡で、永享元年（一四六二）ごろ、甲賀の土豪山岡氏が築城したと伝わっています。

古代以来、多くの人々が往来した瀬田橋は、今なお琵琶湖大橋・近江大橋とともに琵琶湖の東西を結ぶ重要な交通路として機能しています。また、瀬田唐橋として親しまれ、琵琶湖と背後の山並みからなる景観とともに名所としての姿をとどめています。


（大道和人）

アクセス ＪＲ石山駅から徒歩七分。京阪唐橋駅前駅から徒歩五分。

第二章　古代琵琶湖の水の道

六反田遺跡出土の墨書土器。「長寺」と書かれている。

第一節　古代琵琶湖のターミナル

一、都を起点とした三つの官道

「輻湊《ふくそう》」という熟語があります。この言葉は「方々から集まってくること」を意味しています。

奈良時代や平安時代といった古代の日本には六六国二島の地方行政単位があり、それらの国や島は五畿七道という行政の基本区分に属していました。

五畿とは大和国や山城国など現代でいえば首都圏にあたる畿内の五つの国。七道とは東海道・東山道・北陸道・山陰道・山陽道・南海道・西海道のことで、現在の九州にあたる西海道を除き、都から放射状に配置されていました。

たとえば東山道には、滋賀県である近江国から現在の山形・秋田県にあたる出羽国までの八国が属しています。七道の名についても今にいたるまで、道路や鉄道、地域の名称などに引き継がれ残っていますので、現代を生きる我々にも馴染みはあると思います。

これらの七道内を通り、都と結ばれる道が同じ名で東海道とか北陸道などと呼ばれています。つまり、

尼子西遺跡。東山道と考えられる幅12メートルもの道路跡が出土した（甲良町、滋賀県教育委員会提供）

東山道と呼称される道路は、行政区分としての東山道に属する国々と都を結ぶ道ということになります。

これらの道路は、古代にあっては現代の高速道路にも匹敵するほどの主要幹線道路にあたり、古代国家の屋台骨ともなっていたのです。そしてその道路上には約十六キロごとに駅家《うまや》という施設が置かれました。駅家とは馬を乗り継ぐ施設で、緊急事態の時の早馬として使用されたり、公務による都と地方間の連絡といった公用に限ってのみ使われました。

駅家が設置されたことから主要幹線道路を総称して駅路《えきろ》とも呼んでいます。この駅路ですが、全国で発掘調査が進むと道幅がなんと十二メートルや九メートルとかなり広い道であり、何キロにもわたり直線で通っていたことが明らかになったのです。

滋賀県内では甲良町の尼子西《あまごにし》遺跡で東山道と考えられる幅一二メートルの道路跡が三百メートル以上にわたってみつかりました。

近江国は、七道のうち東山道に属していたので、当然、東山道が通っていますが、東海道と北陸道も通っていました。東海道は、奈良時代には都がある大和国から伊賀国、伊勢国へと抜けるため、近江国内は通っていませんでしたが、都が長岡京へ移ると、近江国を経て伊勢国へ抜ける路線へと変更されます。

　このように近江国は、都と東国を結ぶ交通の要衝として古代以来重要な位置を占めていたのです。

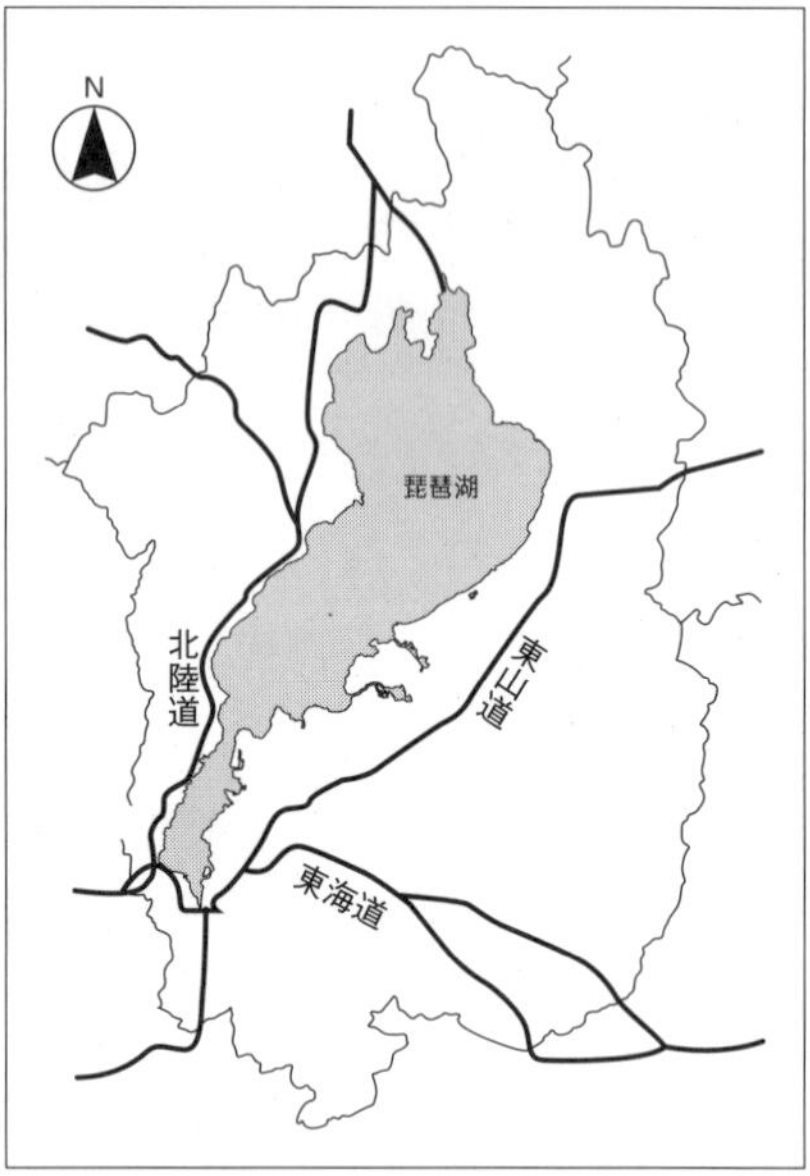

近江の古代道路

　奈良時代の有力貴族である藤原武智麻呂《むちまろ》の伝記「武智麻呂伝」に「近江国は宇宙《あめのした》に名《な》有《あ》る地《ところ》なり。地広く人は衆《おお》くして、国富み家給《そな》わる」と近江の豊かさを表現しています。これは農業や製鉄などによる生産性の高さだけでなく、琵琶湖をとりまく交通路を介して人・物・情報が近江に集まってくることから、さらに国の力、豊かさを高めていったのです。

　輻湊の地近江。交通路の要という地の利も、近江の豊かさの源のひとつにあげることができます。

（内田保之）

彦根市の六反田遺跡。東山道で運ばれた物資を積み込んだ船が、写真中央の川から入江内湖を抜け、琵琶湖へと漕ぎだしていったと考えられる

二、河川を利用した水陸交通システム

かつて琵琶湖畔には、水路や運河を張り巡らせた水郷があり、隣家や水田に向かうにも、船を移動、運搬手段に使っていました。しかし、昭和三〇年代以降に発達した陸上交通の発達によって、ほとんどの水路は埋められ、道路になっています。また、内湖は干拓され、その数は三分の一以下まで減っています。

今ほどスピードが求められない時代にあっては、琵琶湖と琵琶湖に注ぐ河川は、船によって最も早く大量に人や物資を運ぶ優れた交通路として、重要視されていました。これらは、いつまでさかのぼるのでしょうか。

最近、彦根市六反田遺跡で白鳳時代と平安時代の墨書土器、硯《すずり》、漆付着土器などの遺物や、平安時代に機能していた建物跡と河川跡がみつかりました。遺跡は入江内湖に注ぐ小野川を少しさかのぼったところにあります。河川跡は小野川と合流していた旧矢倉川と考えられます。小野川では昭和中頃の入江内湖干拓まで小船が行き来し、小野川をさかのぼって婚礼に船が使われていたことを、地元の方から伺いました。

当地は中山道の鳥居本宿に近く、現在、JR東海道線、新幹線、名神高速道路、国道八号が通過する日本列島の交通網を考える上で大変重要な地点です。古代では東山道が通ります。すなわち、六反田遺跡は東山道と琵琶湖がもっとも近づくところに営まれていたことがわかりました。東山道と矢倉川が交差する結節点まで川船が遡上《そじょう》していた可能性は高く、都や東国から多くの人や物が集まり、ターミナル的性格の強い集落であったといえます。

また、湖東と湖南では、琵琶湖へ注ぐ河川と東山道や東海道が交差する結節点は、渡河場所であるとともに、河川を下る川津《かわづ》（港）が設けられていた可能性があります。

野洲川を渡河する推定東山道周辺には、奈良時代後半の建物跡と「川原」銘の墨書土器が出土した守山市二の畦遺跡や、白鳳時代に建立された益須寺《やすでら》跡があります。

犬上川を渡河する推定東山道から約五百メートル下流にある竹ヶ鼻（廃寺）遺跡では、奈良時代から平安時代の多くの建物跡がみつかり、多量の白鳳時代の瓦類が出土していることや礎石がみられることから、白鳳時代に寺院が建立されていた可能性も考えられています。両遺跡ともに川津として注目できる要素を備えていると思います。

養老令の厩牧令《くもくりょう》水駅の条には水駅《すいえき》の設置が規定されており、「延喜式」の記載から出羽国に馬と船を置く水陸兼送の水駅が存在したことが指摘されています。

近江では、水上交通が発達しています。その寄港する津や陸路と水路との結節点に設けられた川津には人や物が集まり、水上交通を管理する公施設が必要になります。

琵琶湖の湖上交通と、そこに注ぐ河川を利用した水上交通は、大津宮時代ごろにはすでに確立し、奈良時代には官道の水陸交通システムが整備され、平安時代には交通・物流・情報のネットワークが完成されたといえるでしょう。近江は水の国・道の国であったのです。

（葛野泰樹）

三、物資の集積と近江国交易の中心・勢多津

古代律令国家が成熟する奈良時代の中頃（八世紀中ば）、瀬田川の東岸に、近江国を統治する行政機関、近江国府が置かれました。西岸では天平宝字三年（七五九）、淳仁天皇の宮である保良宮の造営が始められ、同五年（七六一）には石山寺の増改築が着工されました。

このように、瀬田川をはさんで瀬田・石山の地には多くの人々が集い、さまざまな物資が集められて、大いに賑わったとみられます。石山寺や奈良の東大寺を造営するための用材も、瀬田川の水運でもたらされていました。都を彷彿《ほうふつ》させるほどの賑わいだったのではないでしょうか。

『正倉院文書』の天平宝字六年（七六二）の史料には、瀬田川の水運の詳しい記載がみられます。これによると、瀬田橋本から院津（石山寺の前にあったとみられる港＝石山津）へ幢（旗竿）、瀬田橋から宇治橋まで板材千本、勢多津から泉津（京都府南部を流れる木津川にあった港）まで柱二十本と板材六

古代の瀬田橋から東へのびる道。古代官道を踏襲しているとみられる（大津市瀬田2丁目）

百本を運漕したことなどがわかります。

また、造《ぞう》石山院所が勢多庄に、藁《わら》の輸送を馬による陸運から「勢多庄の船津」からの水運に切り替えるよう命じている史料もあります。勢多庄は造東大寺司の出先機関で、「東大寺領勢多庄」とも記されます。東大寺の近江での物流拠点として、石山寺造営の物資調達にあたっていました。

これらの史料から、古代瀬田橋の近くに、勢多津と呼ばれた港があったことが分かります。さらに、物資が集まる勢多庄が、勢多津と一体であったこともうかがえます。

国府に運び込まれる物資のうち、水運によるものは勢多津で水揚げされ、山城や大和（平城京）に運ばれる物資もいったん勢多津に集積されていたのです。近辺には市もあったようで、民間レベルでも、近江国の交易の中心だったのでしょう。

造石山院所は、この市で買えなかった漆と墨縄を都で購入してもらうよう七月二日付で依頼しています。十二月十九日には盗難騒ぎがありました。盗賊に入られた造石山院所は、勢多庄に盗難品を取り戻すように命じるとともに、国府と「市司《いちのつかさ》」の協力を求めています。このように、この市は勢多庄や近江国府と密接にかかわり、市司という役人が管理する、政治的に開かれた公的な市だったのです。

その位置ですが、古代瀬田橋の東詰に「市ノ辺」という小字が残ることから、この付近に推定されます。勢多津もこのあたりの岸辺に開かれていたとみてよいでしょう。

（平井美典）

四、物流ターミナル・六反田遺跡

古代の物流ターミナルの例として取り上げた六反田遺跡からは、遺跡の性格の一端をうかがえる木簡が出土しています。

六反田遺跡は、彦根市の北東部、米原市との境に位置し、戦中、戦後の干拓によって姿を消した入江内湖の南端にあたります。東側に近世中山道鳥居本の宿場があり、ここから東国へは、平野の縁辺部を通っていた街道が右に大きく折れて摺針峠（標高百八十四メートル）に向かいます。南側には、石

「税代黒米五斗」の文字が読みとれる六反田遺跡出土の荷札木簡。長さは約一八センチ

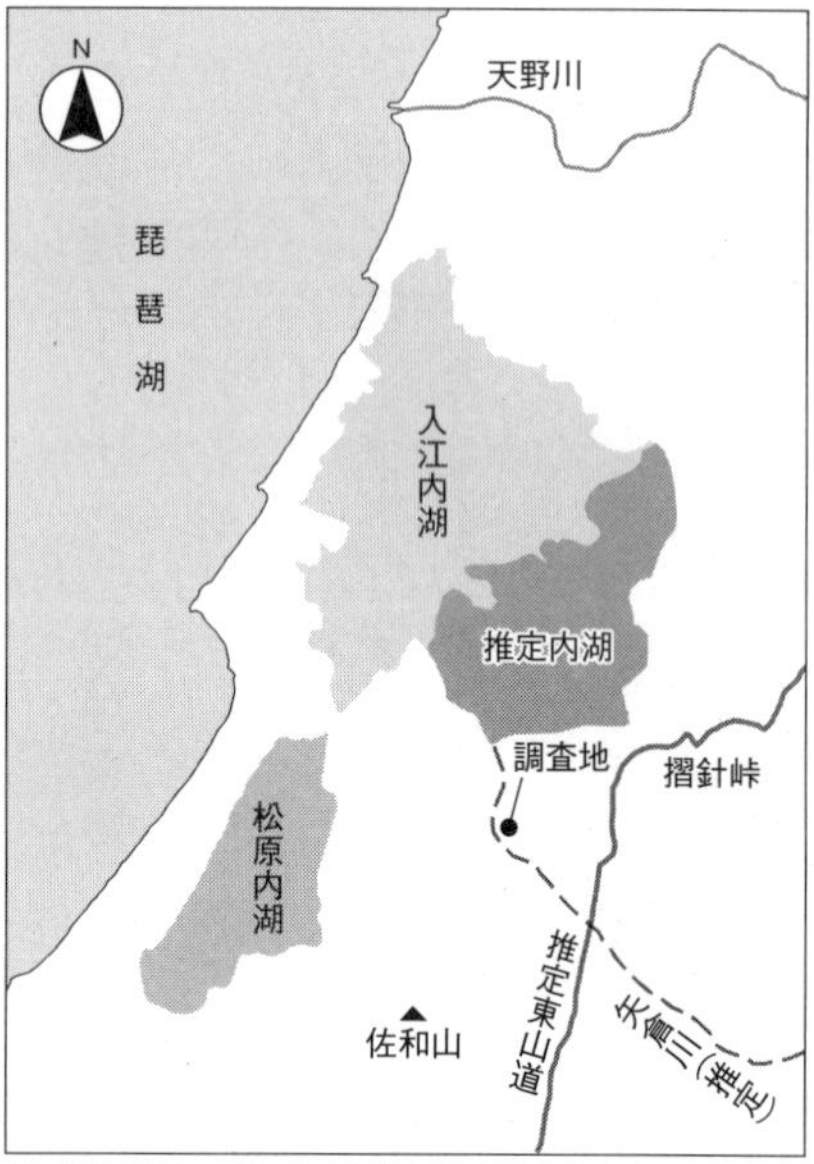

北陸道諸国や東国の物資が琵琶湖を経由して、大津に集中した

田三成が東国をおさえるため整備した佐和山城があります。

前述のとおり、遺跡周辺は早くから交通の要衝であったといえます。まさに、陸路から琵琶湖の水路に切り替わる最良の地点となり、物流のターミナルにふさわしい立地といえます。

出土した木簡は、役所の公文書にあたる文書木簡と搬入された荷物に付けてあった荷札木簡です。

文書木簡からは「所《ところ》」の文字が判読できました。「所」とは役所の現業を担う出先機関をさしています。「個人名＋所」という宛名の書き方が一般的であり、某「所」の何某に宛てた文書といえます。

県内で文書木簡が出土している遺跡は、紫香楽宮推定地である宮町遺跡（甲賀市）や野洲郡の役所に関わる施設である西河原遺跡群（野洲市）などに限られ、六反田遺跡に公的な施設があったことは間違いないでしょう。

一方の荷札木簡は、上部が欠損していましたが「税代黒米五斗」という文字が読み取れました。黒米（玄米）五斗（一俵）に付けられた荷札です。

「税代」とは、他の木簡を参考にすると、農民に対して稲を強制的に貸付け、収穫の際に三〜五割の利子を付けて返済させる制度「出挙《すいこ》」の利子米を意味していると考えられます。この利子米は、いったん、坂田郡の役所に納められた後、六反田遺跡の施設運営費として運び込まれたものと考えられます。

これらの木簡は、六反田遺跡にあった施設が、公的な施設として管理・運営されていたことを具体的に示す資料といえます。古代においては、滞りなく税（米）等を都に運ぶための交通網の整備は、国家の重要な政策のひとつでした。当然、交通の要衝の管理には、国家の関与があったと考えられます。六反田遺跡はその具体例といえるでしょう。

（堀　真人）

五、水路を結ぶ大中の湖の石敷遺構

琵琶湖の港について、これまで実例をあげてたびたび述べてきました。こうした港の多くは水路と陸路の結節点という条件を備えた場所に成立するのですが、陸路が到達しがたい湖岸部でも港と考えられる遺跡があります。ここではそうした遺跡のなかから大中《だいなか》の湖《こ》南《みなみ》遺跡（安土町・東近江市）を例にあげて、「水路と水路の結節点としての港」という視点から考えてみましょう。

かつて琵琶湖周辺には内湖が多数ありました。内湖は堆積作用で埋まった湖岸に囲まれた水域で、水深が比較的浅く波穏やかで港としては格好の場所です。最大の内湖であった大中の湖の南にあった微高地（浜堤）一帯に広がる遺跡が大中の湖南遺跡です。ここでは近年の発掘調査でみつかった浜堤の南側にある特殊な石敷遺構について紹介します。

石敷遺構は湖中に約二メートルの間隔で板材を約三十メートルにわたって立て並べ、その中に礫を敷き詰めています。礫の間からは七世紀頃の土器が出土しており、設置時期がわかりました。遺構の性格にはいくつかの説があります。

一つの可能性として、突堤や桟橋といった港湾施設をあげることができます。石敷遺構は入り江の最奥部にあり、浜堤の南側にあるもうひとつの内湖（弁天内湖）に向かって突き出ていたことになります。このころ大中の湖はまだ内湖になっておらず、琵琶湖の大きな入り江であった可能性が高いことを考えあわせると、琵琶湖から入り江（大中

安土町と東近江市の境界に位置する大中の湖南遺跡。中央の石敷遺構は内湖に突き出た桟橋だったと推測できる（滋賀県教育委員会提供）

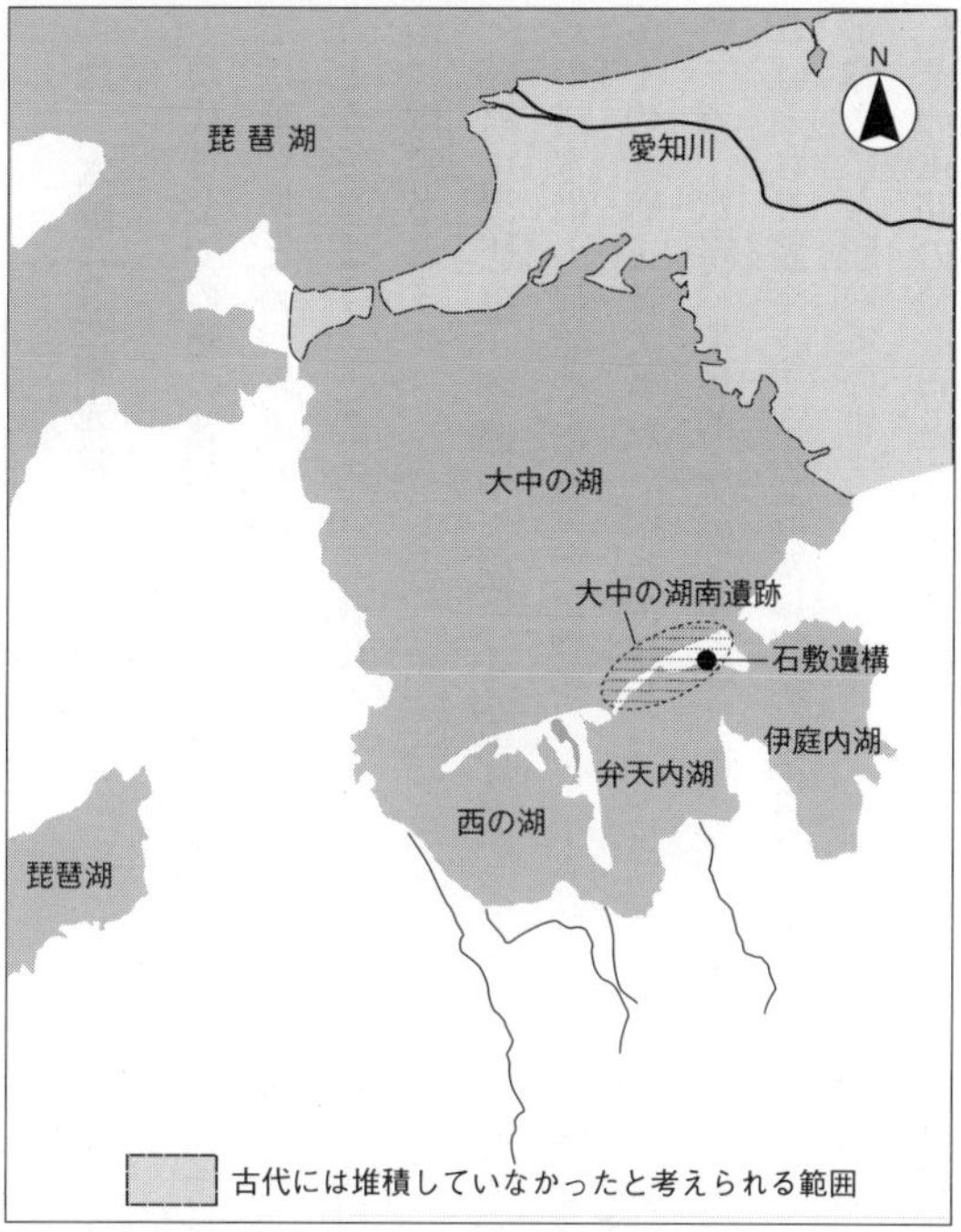

大中の湖南遺跡周辺図。湖岸線は干拓以前の明治21年に作成された地図による

の湖）を進んできた船が浜堤を横切り、波静かな内湖に入って石敷遺構に横づけされた様子が復元できるのです。

　では、なぜ陸路から離れた湖岸沿いのこの場所に港が成立したのでしょうか。琵琶湖の水上交通は湖上交通と琵琶湖へそそぐ河川を利用した河川交通から構成されます。琵琶湖は比較的水深が深いため少なくとも中型の船が使えますが、河川は水量が一定せず水深も浅いために小型船しか使えません。そうなると河川から琵琶湖へ、あるいは琵琶湖から河川へ貨客を運ぶ場合、途中で貨客の積み替えが必要となります。その積み替え場所として琵琶湖と河川との境界付近にあたる内湖はたいへん都合のよい場所といえます。

このように考えますと、内湖に突堤あるいは桟橋を設けた港が成立したことも十分うなずけるでしょう。大中の湖南遺跡は琵琶湖周辺の水路網の具体的なありさまを示す重要な遺跡といえるのです。

（辻川哲朗）

六、水陸交通網完備の近江国

現代社会での物の運搬や人の移動手段は、手軽なところでは自転車にはじまり、自動車、電車、果ては飛行機といったように、目的や行き先に応じて選択でき、全国津々浦々、さらには海外へも行くことができます。ところが古代においては、陸路と水路だけ。手段も徒歩、乗馬、牛馬にひかせる車、船に限定されます。

陸路（道路）は、季節や天候による影響が少ないために利用頻度が高く、駅家《うまや》の整備、路面維持のための排水溝の掃除や轍《わだち》部分の補修など、恒常的な維持管理が必要です。だからこそ主要道路の整備は多くの経費を投入され、国家的事業として位置付けられていました。

一方、水路は地理的・気候（季節）的な要因に大きく左右される難点があるものの、発着点さえ確保すればそれを繋《つな》ぐルートの設定は自由度が高く、維持・管理にかかる手間が少ない手段であり、物資の大量輸送にも向いています。

その水路の発着点となる「津」「湊」と呼ばれた港が琵琶湖に数多く存在していたことは、すでに取

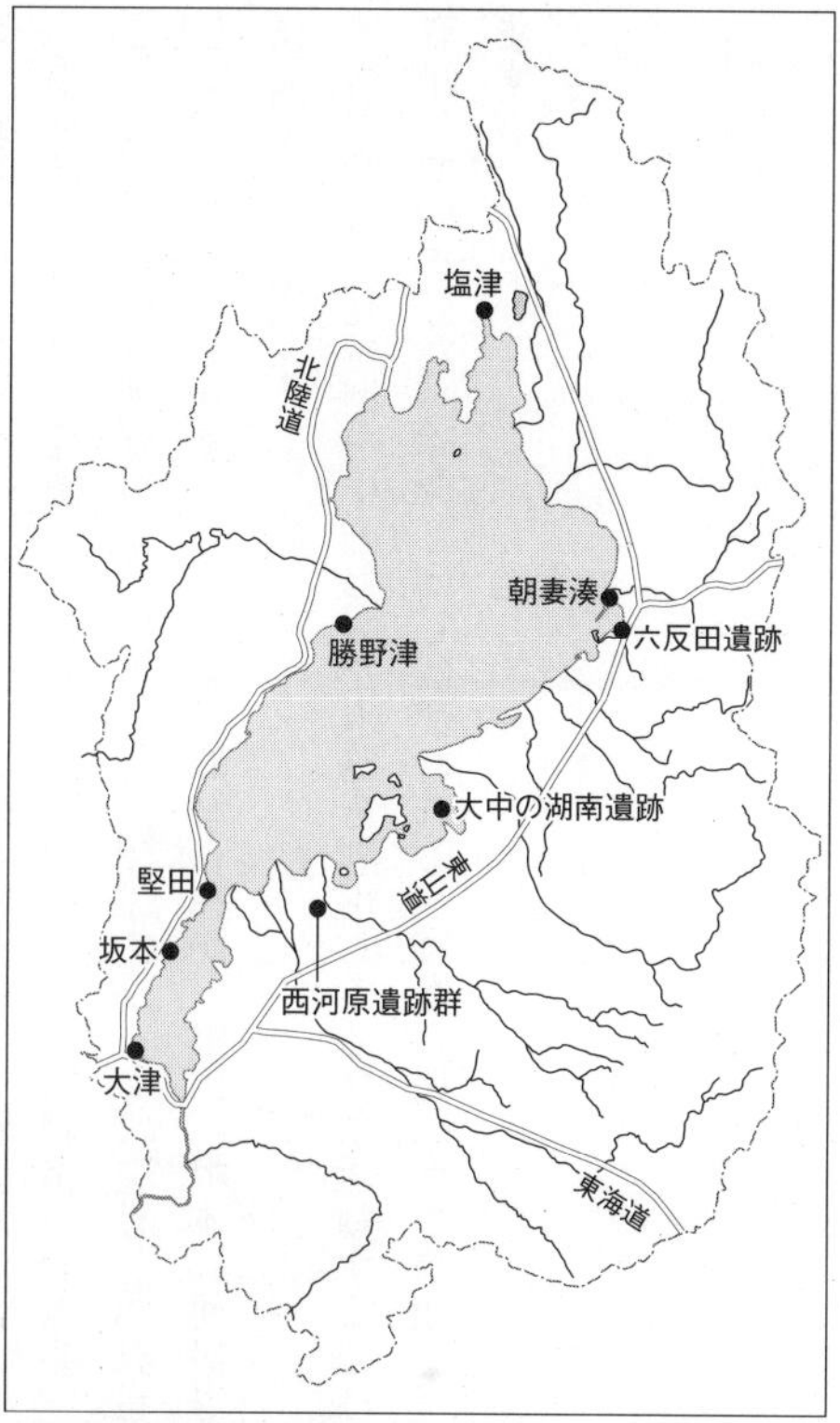

古代の幹線道路と主要な港。琵琶湖を中心に環状の陸路と放射状の水路が走り、近江国全体が巨大なターミナルとして機能していた

り上げた通りです。元来、「津」「湊」という言葉は、船が停泊する場所を示すのではなく、「水門《みなと》」と表記し、水の出入口（河口）に形成される入り江、内湖、潟、砂洲などの地形をさしていました。それが、それらの地形を利用してつくられる施設（船着き場）を示す用語に変化したのです。琵琶湖では、文献に登場する大津や勝野津、塩津、朝妻湊が、その代表格といえます。

近年では、存在の知られていなかった津や湊に関連する遺跡が続々と発見されています。西河原遺跡群（野洲市）は日野川河口部に、大中の湖南遺跡（安土町）は弁天内湖に、六反田遺跡（彦根市）は矢倉川の川岸に設置された港です。これらは、琵琶湖周辺の河川、内湖、湖岸の津・湊の具体的な姿を私たちに教えてくれます。

琵琶湖には大小約四百六十本の河川が流れ込んでいます。それは陸路では障害になりますが、水路の視点からは巨大な水上「ターミナル」、琵琶湖のアクセスルートになりうる存在です。環状に廻る陸路と琵琶湖を中心に放射状に広がる水路が、網の目状に張り巡らされ、近江国全体が東西の物流の「ターミナル」として機能していたといえます。このような姿は、中近世、さらには昭和三十年代までの交通網そのものであり、その基礎が古代にすでにできあがっていたといえます。

中世にはいると、荘園制の拡大、現物中心から貨幣経済への変換、商品流通の活発化により、国家を支えていた律令制度の綻《ほころ》びがみられ始めます。それに合わせ、琵琶湖を取り巻く状況も大きく変化していくことになります。その象徴的な存在が、堅田・坂本に建設された港や馬借《ばしゃく》、保内商人《ほないしょうにん》、五箇商人《ごかしょうにん》の登場です。

彼ら商人が琵琶湖を中心とした水路を利用して活発に活動する姿は、古代から中世へ主役の交代を意味していました。昨今しばしば使われる「官から民へ」の様相を呈し、新たな時代の幕開けを迎えます。


（堀　真人）

第二節　北の要　塩津港

一、日本海と畿内の接点・塩津港

琵琶湖最北端の地「塩津」は、巨大な琵琶湖を南にとらえた風光明媚《めいび》なところです。塩津の地名は北陸の海塩を都へ運送する港の意に由来するとされ、日本海側から畿内への陸路と水路の接点となり、要の津として機能し、大いに繁栄しました。古くは天平宝字八年（七六四）の藤原仲麻呂（恵美押勝《えみのおしかつ》）の乱に登場します。

最近の発掘調査では、集落の西方を流れる大川河口部の中洲上に平安時代の神社跡が発掘され、平成十九年には平安時代末期の木札が大量に出土しました。保延三年（一一三七）の年紀が墨書された木札には「草部行元若此負荷内魚ヲ一巻にても取りなかして候ハ……神罰……」と記載されています。この意味は「草部行元は運送を請け負った荷物の魚一巻でも失うことがあれば神罰を受ける」といった起請文《きしょうもん》です。

この起請文札から当時の塩津港で水運業を営む専門業者の生き生きとした存在が浮かび上がります。

塩津から深坂峠を越え敦賀に至る深坂峠越は、近江と越前を結ぶ最短ルートとして利用されました。律令格の細則である『延喜式』主税上の「諸国運漕雑物功賃」の項によれば越前・加賀・能登・越中・越後・佐渡の北陸六国の物資は敦賀から陸路で塩津に運び、塩津から湖上を大津まで運送し、京都に運ぶよう記されています。ちなみに、若狭の荷物は現在の高島市にある勝野津から大津に運送し、京都に運ぶように記されています。

平安時代末期の木札が大量に出土した塩津港遺跡。国内屈指の重要な港だった（西浅井町）

つまり、若狭以外の北陸諸国の物資はすべて、塩津を経由して京都へともたらされたのです。北陸諸国と一口にいいますが、当時の日本は八つの地域に分けられており、その内のひとつということになりますから、莫大《ばくだい》な量の物資が塩津から積み出されたことがわかります。敦賀─塩津ルートは、日本海側の地域と畿内とを結ぶ最短ルートとして重要な役割を担っていたのです。

それだけに、平清盛が越前国守護であった平重盛に命じ、琵琶湖と日本海を結ぶ運河の掘削に着手したとされる話をはじめ、塩津─敦賀間を運河で結ぶという計画は二〇世紀に至るまで幾たびも浮上したのでした。

塩津港遺跡から出土した木札に記載された物資は「魚一巻」のほか、「米一升若二三升」「白米二斗」「米十石五斗」など米に関係する語句や、「具足」など衣類に関する具体名も出てきます。これは塩津に集積し運送された荷物は、年貢米のほか魚や衣類など多様であったことを伺わせます。

さらに「盗取」「取不取」「其米取」など盗賊を想定させる言葉がたびたび出現します。鎌倉時代の説話集『宇治拾遺物語』巻第一に京都の粟田口で越前から運ばれてきた鮭の荷を大童子が盗もうとした物語があります。起請文札に記載された「魚一巻」はまさに北陸から京都に運ぶ（荒巻）鮭の荷であり、また「盗取」からは当時多くの盗賊が横行していた様子が想定できます。

運送を請け負った荷物は決して失わないと起請文を掲げ、信用を確保するためのＰＲに努めた様子がうかがわれるのです。

なお、『万葉集』第三巻には笠《かさの》朝《あ》臣《そん》金村《かなむら》の歌「塩津山打ち越え行けば我が乗れる馬ぞつまづく家恋ふらしも」があります。

また、長徳二年（九九六）には紫式部の父藤原為時が越前国守に任ぜられ、紫式部も父とともに塩津から深坂峠を越える際に、この塩津で歌を詠んでいます。

古代の塩津港は、京都から北陸に旅する人々が集まり、また北陸から都に運ぶ莫大な物資が積み込まれる日本でも屈指の重要な港でした。

二、日本で最古の起請文札

古典落語に「三枚起請」という郭噺《くるわばなし》があります。ある遊女がなじみ客三人にそれぞれ「年季があけたらあなた様と夫婦《めおと》になります。神に誓って心変りはしません」と起請文を渡して金を貢がせますが、三人は知り合いで、だまされていたことが分かり、仕返しをしようという噺です。

起請文は、神仏に誓いを立てて決して背かないことを宣言し、もし背いたら神罰仏罰を受けるというものです。熊野大社の烏を図柄にした牛王宝印を押した紙に書くと効果があるとされ、現在でも熊野大社では「熊野牛王符」が売られています。

起請文は中世では盛んに用いられ、荘園領主が領地の保証をしたり、百姓一揆の結束に際して一味《いちみ》神水《しんすい》として起請文を焼いて飲み干すこともありました。豊臣秀吉が死ぬ前に、子の秀頼を裏切らないよう諸大名に提出させた起請文には百を超える神仏の名が書き連ねられています。江戸時代になると落語の郭噺になるように起請文の信頼度も下がってしまいました。

塩津港遺跡から出土した起請文札には保延三年（一一三七）の年紀が記された日本で最古の起請文で

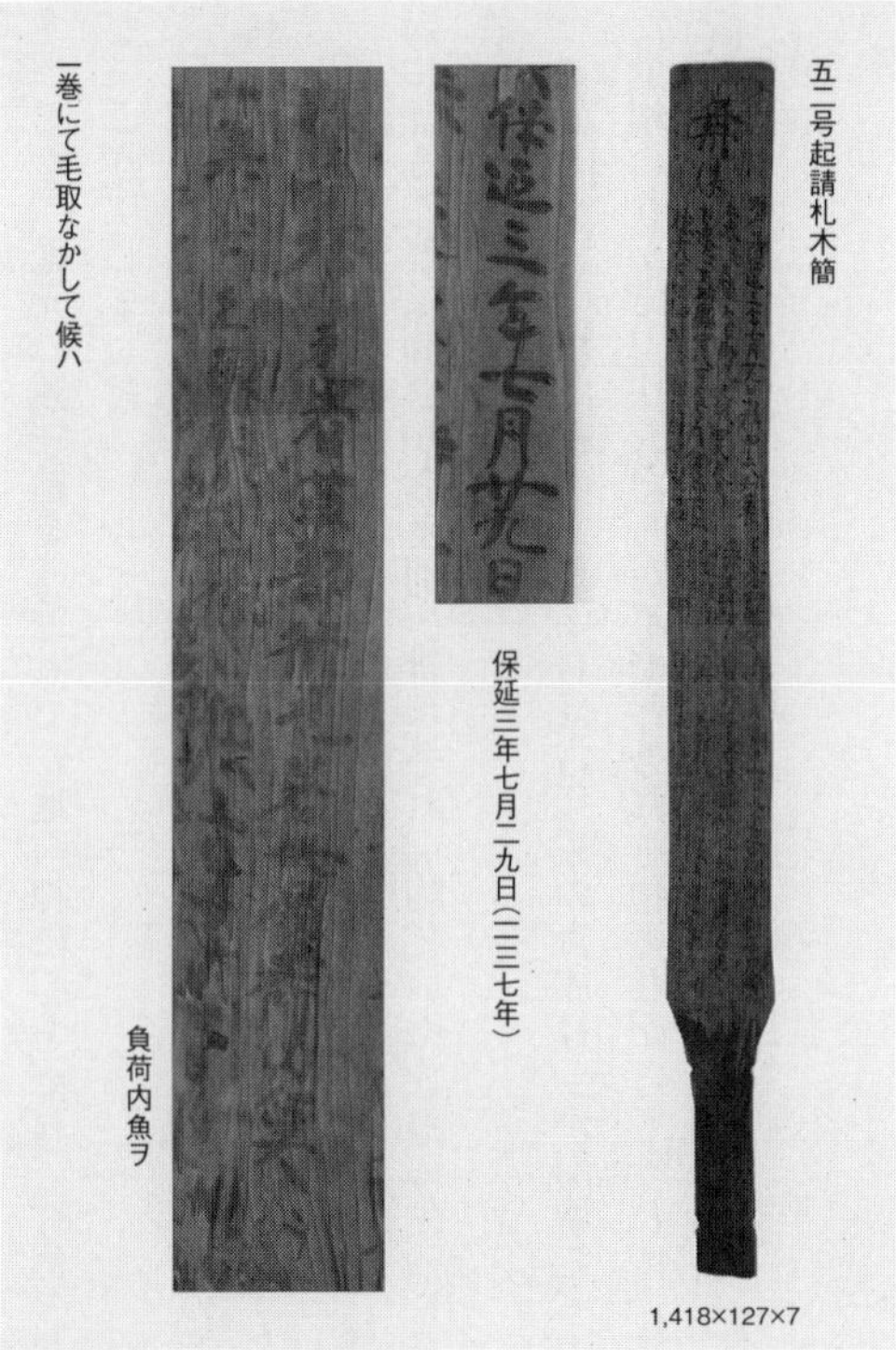

起請文札

す。その冒頭には、神仏に起請するために、神々の名を順に書き連ねています。

まず、天上の神として、梵天・帝釈など古代インドの神、そして炎魔法王・五道大神など中国道教の神が続きます。次に、地上の神として、当時の都である平安京の王城鎮守神の八幡大菩薩・賀茂上下などが登場します。

さらに近江国の神として日吉山王七社を筆頭に建部・三上・兵主が記され、次に浅井郡の鎮守神として竹生嶋弁才天女が、最後に塩津の地元の神々として塩津五所大明神・稲懸祝山・津明神・若宮三所などの名前が出てきます。

起請文札の後半には、誓約文と罰文が記載されます。その内容は具体的で、「白米二斗」「米一・二升」「魚」「具足」などの具体的な品物名と「盗取」「取不取」などの文字が必ず出てきます。

起請者は、米や魚などを決して盗まれない、盗まない、盗んでいないなどと神に誓います。「もし誓いを破ったならば三日から七日の内に全身の八万四千の毛穴ごとに神罰仏罰を受けてもかまいません」とまで記したものもあります。

起請文札には神も仏も関係なく、当時最も霊験のあったと思われる神仏を書き連ねて、起請文の効力を高めます。当時は、インド・中国伝来の諸神・諸仏や地元の諸神が融合し合う神仏混合の世界です。また、地元の鎮守神を尊重して在地の神に心を委ね、村落の共同社会から疎外・離反することのないようにしました。

そして、万一誓いを破ると、目に見えない神罰や仏罰が体中の毛穴から入り込み、現世では業病にかかり、来世では無間地獄に堕《お》ちると信じられていました。

現代のように医学の進んでいない時代には、病は毛穴から入ると考えられました。とりわけ皮膚の病に罹《かか》ることは社会から差別・排斥され、物乞《ものご》いや放浪の生活を余儀なくされるため、当時の人々は最も恐れました。

このように、塩津起請文札からは古代末の貴族社会が崩壊し、中世武家社会へと変化する混沌《こんとん》とした世相のなかで、住人たちが不安と恐れを抱えながらもそれに立ち向かい、自立してゆく精神世界が読み取れます。

（濱　修）

探訪

塩津のまちなみ

琵琶湖の北端にあり、古代から日本海と畿内を結ぶ交通の要衝であった塩津港は、江戸時代延宝五年(一六七七)には大型の「丸子舟」が百二十五隻あり、主要港に数えられていました。ところが、明治十七年(一八八四)に敦賀―長浜間に鉄道が開通して以来、昭和十三年(一九三八)の定期連絡船が途絶えたのを最後に、静かな湖畔の集落へと変貌していきました。

現在の塩津浜の集落には、敦賀―塩津を結ぶ街道筋を中心に百軒余の民家が並んでいます。集落の北端入り口付近には常夜灯があります。天保五年(一八三四)に建立された石燈籠で、「海道繁栄　馬持中　世話役九ヶ村役人中　五穀成就」と刻まれています。塩津周辺の九つのムラの村役や荷駄の運送業者が中心となって建てたもので、塩津浜の問屋はこの九カ村の人馬役を差配していた中心的存在でした。燈籠正面の海道繁栄の願文に対し、五穀成就は集落の方を向いて刻まれています。

「海道繁栄…」と刻まれた江戸時代の常夜灯(西浅井町)

もうひとつ、天保十二年(一八四一)に建てられた石造の道標もあります。「左いせ　たにくミ　きのもと　すぐ竹生島　大津　諸浦出航」と記されており、物だけでなく旅人の主要な拠点であったことを示しています。

南北に長い集落では宿場町の風景が約一キロにわたって続き、南端で突然視界が広がり琵琶湖が眼前に現れます。現在は国道八号を隔てて琵琶湖となりますが、かつて道路がなかったころはすぐ近くまで船が寄

宿場町だったころの繁栄を伝える造り酒屋「沢屋」（西浅井町）

せられ、集まった船からはたくさんの荷物の積み降しをしていたのです。

日本海側からは米やニシン、昆布などの海産物、畿内からは陶磁器や呉服などが積み込まれました。中には都の文化や行政文書、情報も塩津港を経由していたのでしょう。最盛期の寛永年間（一六二四〜一六四四）には三十万石もの米がここを通り、街道には馬や大八車が盛んに往来して「上り千頭　下り千頭」と言われるほどでした。

街道沿いには廻船問屋や蔵、旅籠（宿屋）、醤油屋などが軒を連ねていました。いまもその姿を留める造り酒屋「沢屋」は、商家らしい瓦葺きの妻入りで、庇がつき、二階には出格子が二カ所、壁は柱や梁を露出させた白漆喰《しっくい》、重厚で格式を感じさせるつくりです。こうした今も残る宿場町のたたずまいは往時の賑わいを感じさせます。

アクセス　ＪＲ近江塩津駅より約二・五キロ、木ノ本駅より約五キロ。北陸自動車道木之本ＩＣより車で約十分。

（中川治美）

第三章

中世琵琶湖をめぐる人々

琵琶湖と山に囲まれ、まさに〝陸の孤島〟だった菅浦（西浅井町）

第一節　中世琵琶湖の経済

一、警護と略奪で湖上を支配した堅田衆

近年、琵琶湖の水面を賑《にぎ》わしているのは遊覧船やヨット、ジェットスキーですが、中世の琵琶湖に「堅田衆」と呼ばれ、恐れられていた人々がいたことをご存じでしょうか。

彼らは、琵琶湖大橋が架かる琵琶湖のくびれた箇所の南西岸に位置する堅田を本拠地とし、近世には「諸浦の親郷」と呼ばれていました。

堅田の名は、平安時代後葉の永承五年（一〇五〇）の文献に初めて登場します。元興寺領愛智庄から年貢米を運搬した際の経費を記録した書類で、「三十石納船二艘」が大津へ向かう途中で堅田に立ち寄り、「酒代」を支払ったことを示す「堅田渡酒直米」との記述があります。ここで言う酒代とは、通行料・関料にあたるものです。

このころ、「堅田網人」たちが、天皇、朝廷との関係が深い京・下鴨社の「御厨《みくりや》」（皇室や神社に飲食物を献納した場所）に属する供御人《くごにん》になりました。供御人には、琵琶湖で獲った水産物を下鴨社に

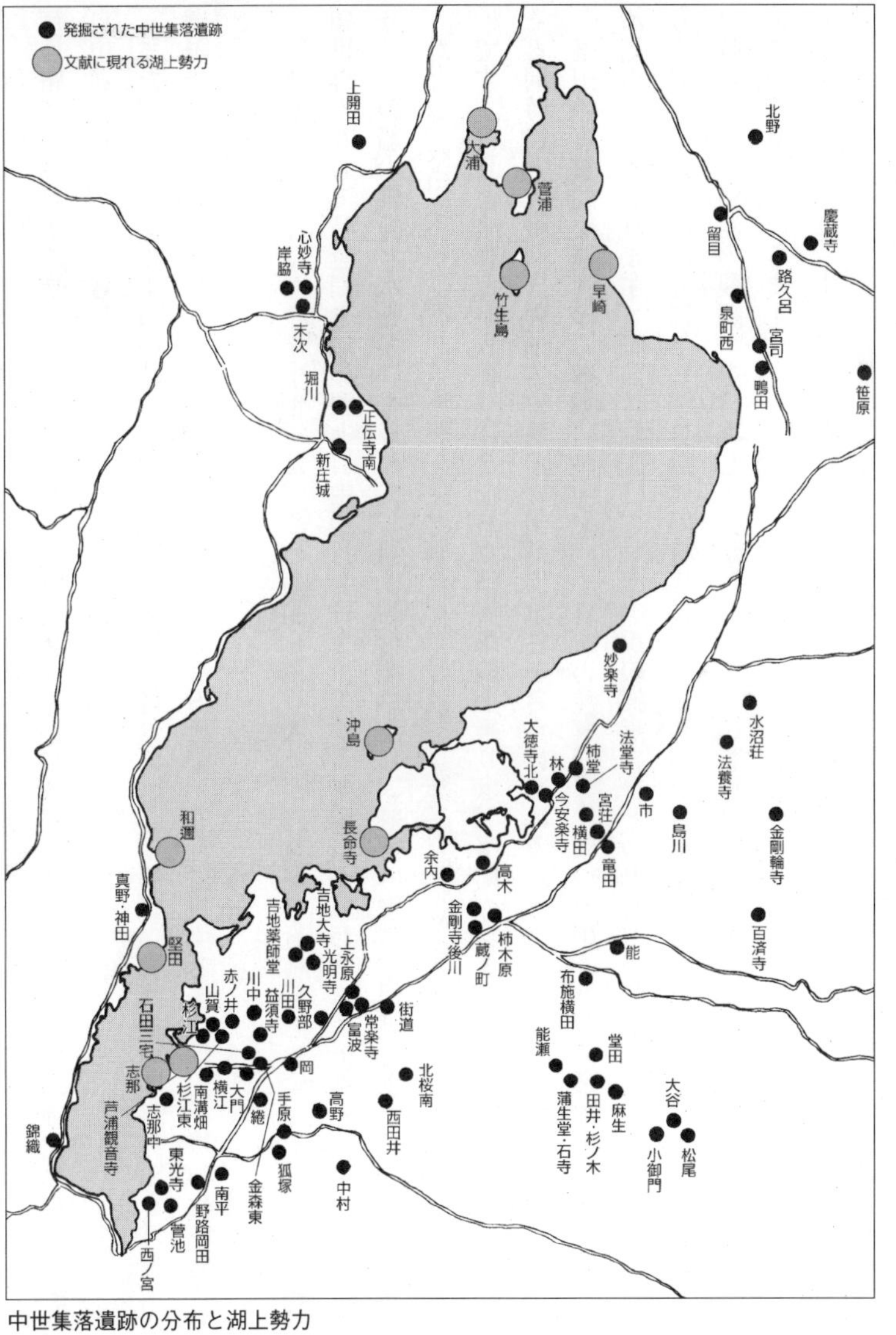

中世集落遺跡の分布と湖上勢力

毎日届ける義務が課せられます。一方、この義務に対しては、琵琶湖での漁業権だけではなく、湖上自由通行特権が与えられるのです。

また、十四世紀後半頃には、堅田に土地支配権を持つ延暦寺山門に、警察権や関料免除を許可する権限などが与えられたことから、堅田の湖上における漁業・通行に対する優位性が一層強化されました。

物流がより盛んになった中世には、その商品を狙う人々が琵琶湖でも横行します。そこで、下鴨社領供御人として琵琶湖全域の湖上自由通行特権を主張する堅田衆がいわゆる「上乗り」することにより、その船の警護と水先案内を兼ねて、湖上通行を承認し、航行の安全を保証します。

ただし、堅田衆に上乗りを依頼しない場合、彼らは船を襲い物品を略奪する「海賊」に豹変《ひょうへん》するわけです。警護と略奪とが表裏一体となった堅田衆の上乗りは、堅田の湖上支配をより強固なものにすると同時に、礼金収入の独占による経済的優位性をさらに高めることになりました。

堅田の実質的な運営は刀禰《とね》家、居初《いそめ》家、小月《おづき》家の三家（殿原衆《とのばらしゅう》）を中心とする堅田衆によって、自治都市が形成されます。戦国時代には、一向一揆の拠点のひとつとして当初は朝倉氏に味方していたものの、後に織田氏方に与《くみ》し、豊臣氏の時代になっても湖上特権が認められていました。ただし、江戸時代には「諸浦の親郷」を自称しますが、これまでの特権は次第に制限を受けるようになり、その影響力も薄れていきます。

現在の堅田には、中世に形成された自治都市の町並みを彷彿させる遺構や旧跡が町のあちらこちら

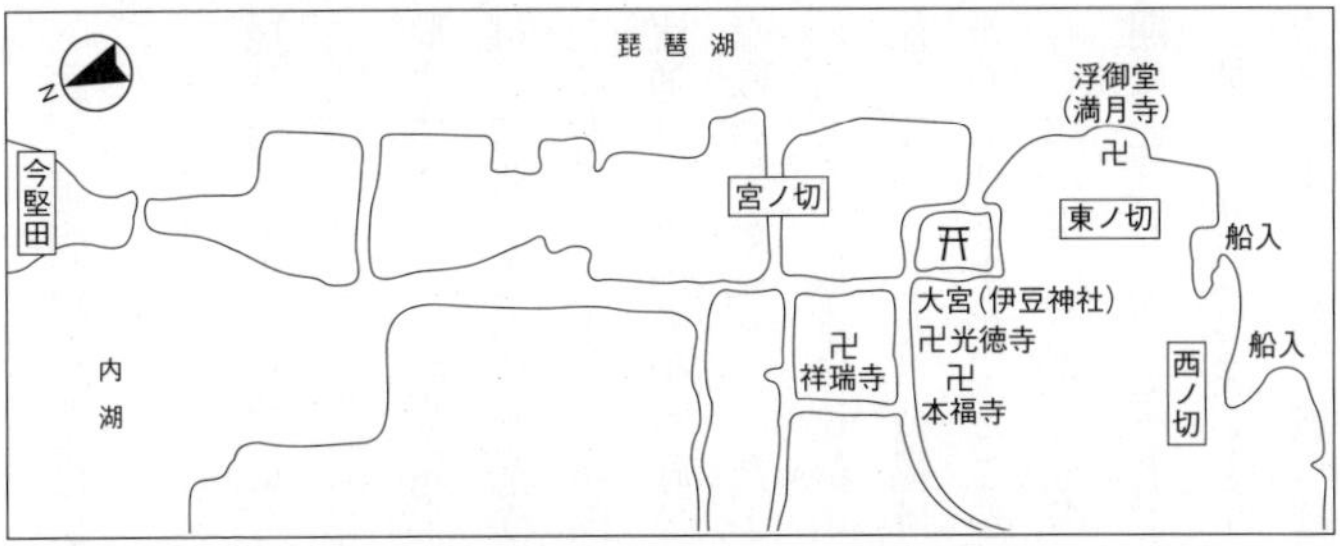

文政８年(1825)の『本堅田古絵図』から想定される中近世の堅田。中世には、最も古い東ノ切をはじめ、西ノ切、宮ノ切の３つの自治組織があった。近世に今堅田ができて「堅田四方」と呼ばれた

に残っています。湖中には、浮御堂のほか、堅田漁港や灯台が、そして湖岸に整備された遊歩道を歩くと、町の防波や船の接岸のために構築された優美な石垣をみることができます。この石垣は、屋敷地の境などで途切れていますが、湖辺から町中に向かっては、湖水を引き込んだ堀が碁盤の目状に張り巡らされています。

水路に沿って町を歩けば、堅田大宮とも呼称される伊豆神社、アニメ番組でよく知られる一休さん(一休宗純)が琵琶湖入水後に入門した祥瑞寺、「本福寺跡書」や「本福寺門徒記」など真宗史研究に不可欠な記録が蔵されている本福寺、名勝居初氏庭園などを見学することができます。なかでも祥瑞寺では、門や屋根瓦の一部に中世に作られた瓦を見ることができ、境内には一休和尚修養地の碑が建立されています。名勝居初氏庭園は、居初家の茶室「天然図画亭」の庭として天和元年(一六八一)に作庭されたと伝えられ、幾何学的に配された敷石と低く刈り込まれた庭木越しに琵琶湖と対岸の近江富士(三上山)を借景としており、雄大な景観を堪能することができます。

(小竹森直子・藤崎高志)

二、延暦寺を背景に栄えた門前町坂本

人が集まるところに、物が行き交います。物が行き交うところには、お金が集まります。古代以来、琵琶湖を中心として京と東国・北国との間でさまざまな生活物資や食物が行き交っていました。

陸路では京とを結ぶ今路越は荷物を満載した馬や荷車が多数行き交い、水路では対岸の朝妻（現米原市）ルート、武佐（現近江八幡市）ルート、北へ向かう今津ルートを、船に荷を満載させて帆をいっぱいに張った多くの船が行き交っていました。坂本は水陸交通の要でした。

船荷は、坂本の三津浜の港で荷揚げされ、問丸《といまる》という問屋が荷物の取引を行っていました。物資の流通は、町の繁栄を呼びます。港から門前にかけてには、荷物を管理する建物が立ち並び、たいそうな賑《にぎ》わいを見せていたようです。

もともと坂本は比叡山延暦寺の門前町として栄えていたのですが、中世にあっては港町としても機能していました。荷揚げされた荷物はふたたび船に積み込まれて新たな地に向けて湖上を運ばれるものもありますが、ここから陸路が利用される場合もありました。

それら陸路の輸送を担っていたのが、馬借《ばしゃく》や車借《しゃしゃく》と呼ばれていた人々です。彼らは、鎌倉時代末期に発達した運送業者です。今で言えば高速道路を行き交うトラック輸送にあたるでしょうか。

彼らは普段は農業を生業としていますが、農閑期など必要に応じてこの仕事に従事していたということです。当初、彼らは延暦寺の支配下にありましたが、その勢力が大きくなるにしたがって自らの

主張を力で示そうと蜂起します。借金を棒引きにしてもらうための徳政令を求めて大規模な一揆を起こしたことは有名です。

このように、人と物が行き交うところには、お金が集まります。延暦寺は、これらの流通経済に目を付け、湖上に関を設けて通行税を取ることを思いついたのです。以後、この税は延暦寺の重要な財源となっていきます。ちなみに、坂本～武佐の船賃が二十二文（現在の千五百円程度）に対し、関銭は百四十文（現在の八千五百円程度）であったといわれています。いつの時代も、商いにはお金がかかり大変だったようです。

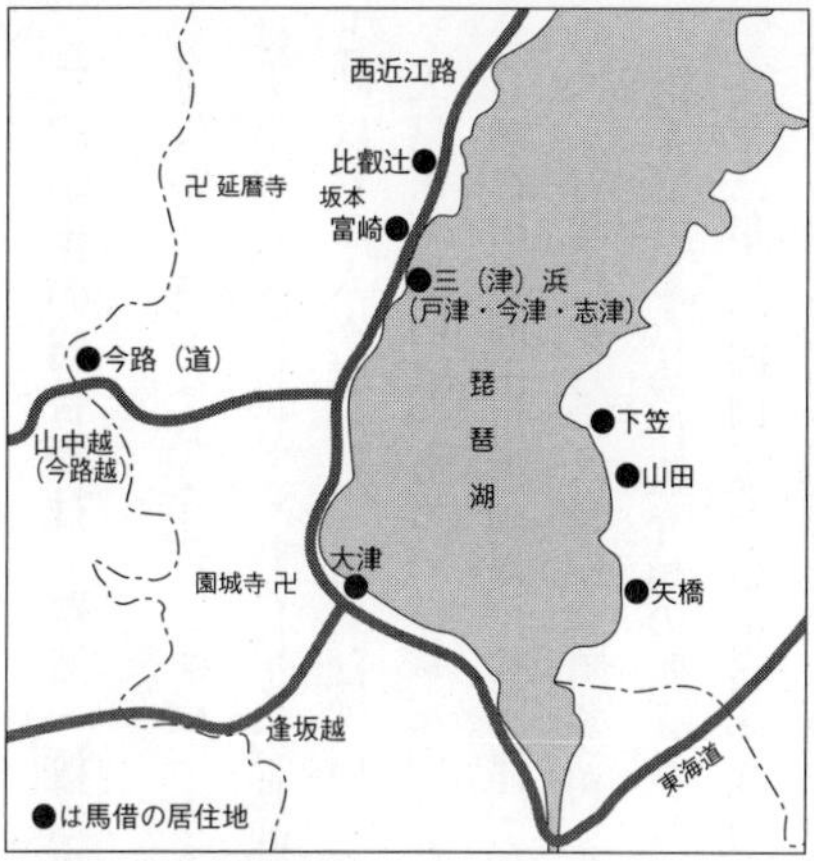

主要陸路と馬借居住地

そういうこともあり、港では日吉神社の神人《じにん》や延暦寺の僧が、白壁の大きな倉を構え、その中で商売などに必要なお金を貸す金融業を始めています。これが、土倉《どそう》とよばれるものです。当時、港には本倉三十軒、新倉九軒の計三十九軒もの土倉が軒を連ねていたことでその繁盛が知られています。

中世の坂本の繁栄は、延暦寺の存在を背景に、流通経済そのものに支えられていたといえるでしょう。

（木戸雅寿）

三、中世の総合商社「粟津・橋本供御人」

滋賀県の著名な食文化に「鮒鮨《ふなずし》」があります。乳酸菌の臭気のために苦手な人もいますが、中世には天皇の食膳《しょくぜん》に供せられるほどの珍味でした。この鮒鮨を広く喧伝《せんでん》し、売りさばいたのが粟津供御人《くご》と呼ばれる人々でした。彼らは、いったいどのような集団だったのでしょうか。

天皇家や摂関家、あるいは特定の寺社に魚介類などを納めるために各所に御厨《みくりや》が設けられ、琵琶湖から流れ出す瀬田川の両岸にも粟津・橋本の御厨がありました。そこで仕事に従事する粟津供御人たちは平安時代から、天皇の食膳を司《つかさど》る内膳司御厨子所《ないぜんしみずしどころ》に属して魚介類を貢納するとともに、自らの生計を立てるために魚介類の販売も行っていました。

嘉吉三年(一四四三)、東海道や伊勢道を東へ東へと往来し、通商圏を拡大させていた彼らは、「正和度の諸関渡免除蔵人所牒」という偽の文書をでっち上げ、延暦寺の支援を得つつ、諸々の関に対して自由通行権を獲得すべく訴えをおこしました。この訴訟の結末は明らかではないのですが、この時点においては、供御人側の主張がおおむね認められたものと考えられています。

なお、内蔵寮《くらりょう》の山科家に年間五百文(現在の三万円程度)を納めると、供御人であることを証明する供御人札が与えられました。たとえば文明十二年(一四八〇)正月には供御人札九十三枚を発行し、十貫五百文もの収入を得ています。

つまり、天皇家などに魚介類を貢納せずとも山科家にお金を払いさえすれば供御人を名乗り、自由通行権や専売権を行使することができたのです。戦国時代のさなか、かつて所有していた数多くの荘園を失った山科家にとって、供御人札の乱発によって得られた収入は、貴重な財源であったのです。

粟津供御人の活動範囲が拡大するにつれ、関白一条家をはじめとした諸家との対立が表面化し、ついに幕府の裁許をもとめました。延徳三年（一四九一）、山科家の工作と偽文書である「正和度の諸関渡免除蔵人所牒」によって、諸商売公事役（商業課税）、諸関渡料（通行税）の全面的免除、諸家に対しては粟津供御人に対する商売役（課税・賦役）の停止が命じられるという山科家・粟津供御人の全面勝訴に終わりました。

こういったこともあり、十五世紀の終わりごろには、西国から淀の魚市を経て京都に入る魚介類の専売権を持った摂津今宮供御人に対して、粟津供御人は近江を含めた東国から京都に入る魚介類を取り仕切ったようです。

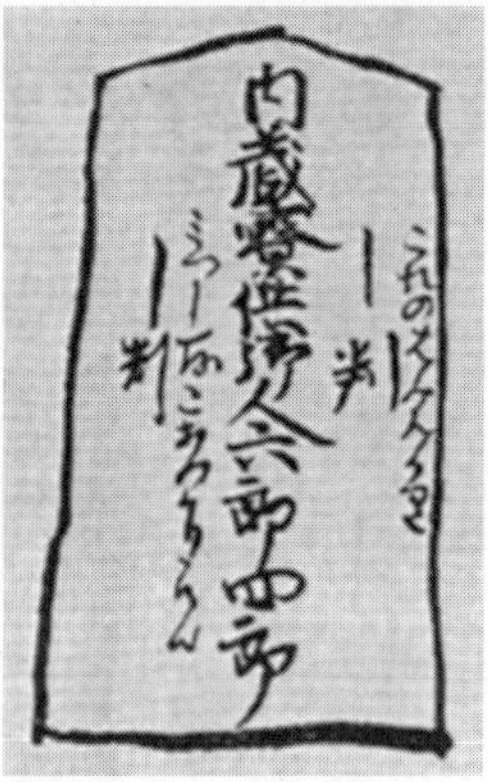
供御人札

当時の全国的流通網の中心である京都の生鮮魚介類市場を二分するようになるばかりか、干魚や塩合物《しおあいもの》（内臓を抜いて塩漬けにした魚）などといった加工魚介類の専売権をも手に入れ、さらには、木履《きぐつ》商売、筵《むしろ》商売、石灰商売などといった消費財をも販売し、それらの専売権も手に入れたのでした。山科家の雑掌であった大沢氏の日記である「山科家礼記」には、延徳三年（一四九一）に近江の粟津供御人が「スリコハチ

（＝擂鉢）」を商ったことが記されています。おそらくは、信楽焼の擂鉢を京に持ち込んだのでしょう。このころの彼らを「粟津供御人の総合商社化」と呼ぶ研究者もおられます。

粟津・橋本の供御人たちは、琵琶湖という大きな資源を持つ湖を活動基盤とし、居住地が京都に近接するという地理的環境、当時ところどころに設けられていた関を自由に通過する特権や専売権を駆使することによって、江戸時代を迎えるまで「総合商社」として活躍したのでした。（畑中英二）

探訪

延暦寺から坂本里坊へ

近年、テレビなどでよく見る「世界遺産」。現在、滋賀県には一九九四年に「古都京都の文化遺産（京都市・宇治市・大津市）」の一つとして登録された、比叡山延暦寺があります。伝教大師最澄が開山した比叡山延暦寺ですが、実は「延暦寺」という堂宇があるわけではありません。比叡山の山上から東麓にかけた境内に点在する東塔《とうどう》、西塔《さいとう》、横川《よかわ》など、三塔十六谷の堂塔の総称なのです。比叡山は『古事記』にもその名が見える山で、古代から山岳信仰の対象でした。麓の坂本にある日吉大社東本宮には、比叡山の地主神である大山咋《おおやまくいの》神《かみ》が祀《まつ》られています。

近江国滋賀郡出身の最澄は、俗名を三津首広野《みつのおびとひろの》といい、宝亀十一年（七八一）に出家して最澄を名乗ります。延暦四年（七八五）に奈良・東大寺で受戒し、同年故郷に近い比叡山に入って草庵を結びます。延暦七年（七八九）には現在の根本中堂の位置に小規模な寺院を建立し、一乗止観院と名付けました。この寺は比叡山寺とも呼ばれ、年号を賜り「延暦寺」という寺号が許されるのは、最澄の没後でした。なお、桓武天皇が比叡山寺を平安京の鬼門（北東）を護《まも》る鎮護国家の道場としたことはよく知られています。

最澄は、延暦二十三年（八〇五）唐に渡り、天台教学や密教、禅を学び、これらをもとに独特の天台宗を完成させました。その後比叡山は、円仁、円珍、源信、法然、慈円、親鸞、道元、日蓮、一遍など数多くの名僧を輩出し、日本仏教の母山として確固たる地位を築いています。元亀二年（一五七一）、織田信長により焼き討ちに遭いますが、豊臣秀吉や徳川家康によって復興しました。現在も高野山・恐山とともに、日本三大霊

坂本城跡。渇水で湖中から現れた石垣

山の一つとして絶大な信仰を集めています。
　そして延暦寺・日吉大社という大きな寺社の門前町である坂本も栄えました。さらに宿場・港町としても隆盛を誇ります。室町時代、北国や東国からの物資は、琵琶湖上を運ばれて坂本に荷揚げされ、陸路で京都へ運ばれていました。こういった琵琶湖をめぐる交通・流通の拠点としての繁栄を背景に、明智光秀の坂本城が築かれます。宣教師ルイス・フロイスをして「安土城に次ぐ天下の名城」とまで言わしめた坂本城は、現在では湖中にのびる石垣などにその名残を留めています。なお、近くにある聖衆来迎寺《しょうじゅうらいごうじ》の表門は、坂本城の門を移築したものとも伝えられています。
　また、室町時代、坂本の穴太地域には「穴太衆《あのうしゅう》」と呼ばれる石工技術集団が住んでいました。彼らの、自然石を巧みに使って堅牢《けんろう》で美しく積み上げる野面《のづら》積みを、「穴太衆積み」と呼び、現在も町のあちこちで見ることができます。

（阿刀弘史）

アクセス 坂本里坊へは、ＪＲ湖西線・比叡山坂本駅下車、または京阪坂本駅で下車。

穴太衆積みの石垣（坂本石積みの郷公園）

第二節　中世琵琶湖の交通とくらし

一、中世の交通路

第二章では古代の交通路についての話をしましたが、ここではこれに続く平安時代後半ごろから鎌倉時代の交通路と「宿《しゅく》」をみることにしましょう。

平安時代も後半になると、律令国家と呼ばれる体制から、貴族文化華やかな時代、王朝国家と呼ばれる体制へと変化します。同時に、それまで強力な国家体制によって経営されてきた交通路や駅家《うまや》が変化し、規模縮小、あるいは廃絶していきました。

『更級日記《さらしな》』によると、寛仁四年（一〇二〇）に上総《かずさ》（千葉県）国司の任期を終えて帰京した菅原孝標《すがわらたかすえ》一行は、「仮屋を造り設け」、「大きなる柿の木の下に庵」を造って旅を続けました。本来、国司の旅は駅家や郡家《ぐうけ》（郡役所）に宿泊することになっているにもかかわらず、このころには宿舎になる施設がなくなってしまい、駅伝制が全く機能していなかったことがわかります。

また、この一行が辿《たど》ったコースは、尾張（愛知県）から東海道を外れ、美濃（岐阜県）を経て近江へ入

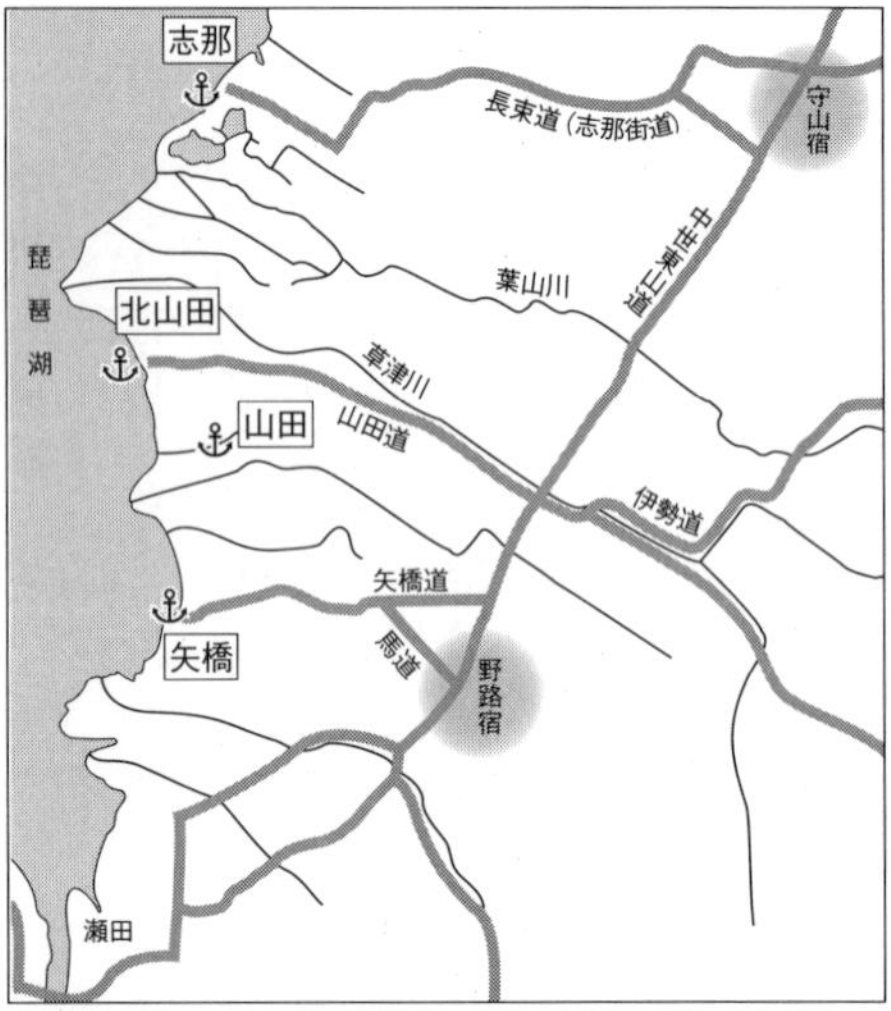

草津付近における鎌倉時代の交通路。野路と守山は中世前半、その中間の草津は中世後半に「宿」が設けられた。いずれも港からのアクセスが便利な場所にある。

るという東山道のルートをとりました。

藤原定家《ふじわらていか》の子、為家《ためいえ》の妻阿仏尼《あぶつに》が記した『十六夜《いざよい》日記』や『東関《とうかん》紀行』など鎌倉時代の紀行文にもこのルートがみられます。近江では鈴鹿峠を回避して関ヶ原を経由するルートが中世を通じて一般的になり、東山道が実質的に東海道をも兼ねていたのです。ちなみにこのルートは現在、JR東海道本線や東海道新幹線に踏襲されています。

平安時代末期から鎌倉時代になると、交通路上の宿泊施設「宿」が現れます。宿は、古代の駅が廃絶した後に民間の宿泊施設として発達したものです。そこで県内の宿の代表として「野路《のじ》宿」にスポットをあててみましょう。

これは現在の草津市野路町（JR南草津駅周辺）あたりに設けられた宿で、鎌倉幕府の事績をしるした史書『吾妻鏡《あづまかがみ》』によれば、建久元年（一一九〇）に上洛した源頼朝がここに宿泊しています。記載内容から、野路宿には「御旅館」と呼ぶ門を持った宿泊施設があったことがわかっています。

近年、野路宿の跡ではないかと考えられる遺構がJR南草津駅の西側一帯にある野路岡田《のじおかた》遺跡で発見されました。平安時代末から鎌倉時代前半の多くの建物跡とともに、大溝を巡らせた大型の建物跡がみつかりました。この大型建物は、出土した遺物の年代から、十二世紀末から十三世紀前半ごろのものとみられます。

もう察しがつくと思いますが、この大型建物は頼朝が宿泊した時期に存在していた可能性が高く、さらに思いを巡らせてみますと、源頼朝が宿泊した「御旅館」であったのかもしれません。

次に野路岡田遺跡の場所をみてみましょう。この遺跡からは古代の東山道とみられる道路跡も発見されていますが、この道路跡は中世に入っても使われていたようです。また、付近には矢橋港と結ぶ「馬道」と呼ばれる古道が最近まで通っていました。この二本の道路が交差する場所に野路宿はあったのです。

つまり、野路宿は東山道（東海道）の陸上交通と、馬道から矢橋港を介して水上交通のネットワークにつながっているのです。宿を設けるには単に交通路沿いというだけでなく、このような水陸交通に便がよい場所が選ばれたようです。

（内田保之）

二、堅田を見続けてきた浮御堂

「近江八景」の「堅田落雁《らくがん》」に描かれ、近江との縁が深い松尾芭蕉の「鎖明けて　月さしいれよ　浮御堂」の句でも有名な浮御堂（満月寺）は、平安時代中ごろの康保年間（九六四〜九八七）に源信によっ

古くから琵琶湖を見続けてきた浮御堂。周辺調査では中世を中心とした多量の土器類が出土した（大津市本堅田）

て創建されたと伝えられ、古代から今に至る琵琶湖と、そこを舞台に特別な位置を保ってきた堅田を見続けてきています。

昭和五十六、五十七年度に実施された浮御堂周辺の発掘調査では、堅田が隆盛を極めた平安時代から中世を中心に、七世紀から現代までの土器類などが多量に出土しました。そこからは、下鴨社領の御厨《みくりや》としての堅田と、これに基づく湖上特権を背景とした自由都市でもあった実像が浮かび上がってきました。

御厨としての堅田の生業である漁業を実証する出土品が、漁網には欠かせない土錘《どすい》です。形態や重量から、刺し網用と曳《ひ》き網用に大別されます。室町時代後期の堅田を描いた絵図には四ツ手網漁の様子が描かれ、文献史料には「釣人」との記述も見られることから、多様な漁法による漁業を行っていたことがうかがえます。

注目されるもうひとつの出土品が、墨書《ぼくしょ》土器と線刻《せんこく》土器です。平安時代の土器には、現在は米原市に含まれる対岸の朝妻湊《あさづま》との関連をうかがわせる「朝妻」や、「北村」といった地名ないし人名、「掃守下」「右坊」などの職名や施設を示すものが多くみられます。これは、この地に文字を多用する行政的な機能を持つ施設があり、役人がいたことを示しています。

中世の墨書土器には、「西」「上東」「中東」など方角や場所を示すもの、さらに「一」「二」「十」など数字を記す例が多くなり、記号には陰陽《おんみょう》道の魔除呪文《まよけじゅもん》である「九字を切る」に通じると考えられる二、三本の縦線と横線を格子状に組み合わされるものが多く見られます。これらの文字や記号が書かれているのは、食事や饗宴《きょうえん》に使用される食器類です。

このことから、方角や数字は、その食器類を供出した人や場所と数量を示していると考えられます。堅田の人々は、食器を持ち寄って開催された饗宴で「共に飲み、共に食す」ことによって絆《きずな》を深めたのでしょう。さらに、その場に集まった人々や堅田の繁栄を祈って魔よけや招福の呪文を土器に書き、それを清め、祓う意味を持つ水を湛える湖中に投げ棄てたと考えられます。

十六世紀後半の堅田は、堺と同じように強固な自治組織を持ったことから、「自由都市」と称されます。自治組織の基礎となる地域の連帯を形成するために宴が催され、器を琵琶湖に投げ捨てていたと考えると、堅苦しい歴史も身近に感じることができます。

（小竹森直子）

三、中世惣村《そうそん》の歴史を伝える菅浦文書

琵琶湖の北端に、竹生島を臨む岬、葛籠尾崎《つづらお》があります。その西の一画に、菅浦《すがうら》と呼ばれる小さな集落があります。琵琶湖に面した湾奥にあり、背後の三方を急峻な山で囲まれて、道路のなかった近年までは、まさに陸の孤島ともいうべき集落でした。

大正六年（一九一七）、須賀《すが》神社の「開けずの箱」から『菅浦文書』と呼ばれる、千点を超える文書群が発見されました。文書には、中世から近世に至るまでの、菅浦の歴史が記されており、日本の学界を大きく揺るがすことになりました。

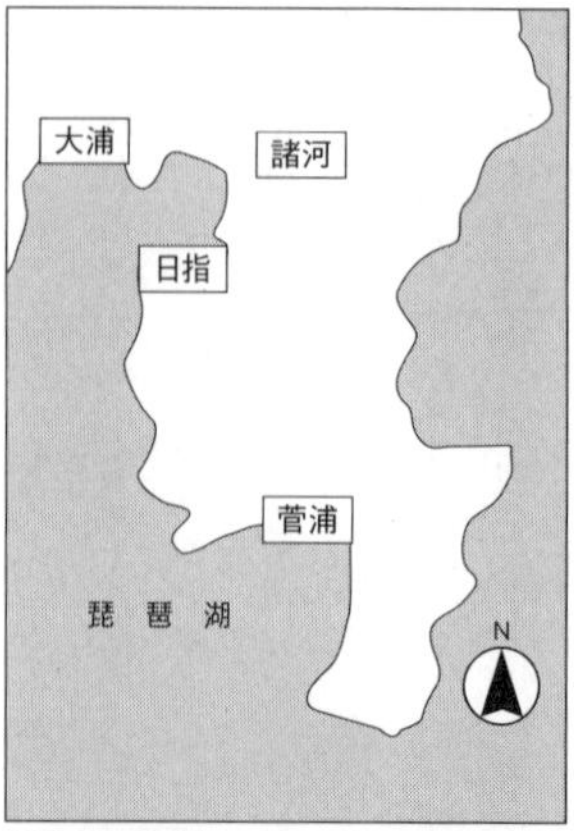

琵琶湖最北部に突き出た葛籠尾崎。『菅浦文書』には、稲作ができる日指・諸河をめぐる大浦との領有権争いが克明に記されている

『菅浦文書』は惣村活動の様子を知る中世文書として、日本の村落史を辿《たど》る上で極めて価値が高いことから、国の重要文化財に指定されています。

山と琵琶湖に囲まれた環境の中で、菅浦の人々は、どのような生活を送っていたのでしょうか。中世菅浦に生きた人々の暮らしを、『菅浦文書』の中から覗《のぞ》いてみましょう。

菅浦はもともと園城寺領である大浦の一地域でしたが、平安時代の末期に独立し、後には延暦寺檀那院の支配を受けることになりました。一方で、御厨《みず》

子所《しどころ》と呼ばれる天皇の御膳《ごぜん》を貢納する省庁にも属することとなります。高倉天皇（一一六八〜一一八〇）のとき、住民は、御厨子所から供御人《くごにん》と呼ばれる身分を賜り、特産のビワやコイを貢納する一方で、湖上の行き来の自由を与えられました。

菅浦の人々は、主に廻船《かいせん》や漁労を生業としていましたが、みかんや綿などの栽培もしていたことが文書から知られます。ほとんどが山地の葛籠尾崎にも、わずかながら耕作地があります。決して広くない日指《ひざし》や諸河《もろかわ》といった土地ですが、稲作を行うため船で出向いていたのです。山地に覆われた周辺地域にとっては、この日指、諸河の地は、農耕が可能な、非常に魅力的な土地だったのでしょう。特に、周囲にそのような土地が少ない菅浦にとっては、集落の生命線だったといえます。

ところが永仁三年（一二九五）、この日指、諸河の領有権をめぐって、隣の大浦との争論が始まったのです。この希少な土地を巡る争いは、田荒らしなどの妨害行為にとどまらず、やがて多数の死傷者を出す紛争にまで発展してしまいます。一五〇年の長きにわたって続いた争いは、現地では決着がつかず、ついに室町幕府の法廷にまで持ち込まれることになりました。しかしそこでも双方譲らず、裁決は二転三転します。

そして、文安二年（一四四五）から約二年におよぶ訴訟の末、ようやく菅浦側が勝訴しました。その際には、公家や幕府の有力者に働きかけて、訴訟を有利に進めたといいます。

この一連の騒動は、住民皆が生き抜くための闘いでした。このような集落規模での団結がやがて、中世特有の惣村と呼ばれる独自の自治能力を備えた集落形態へと発展していきます。

『菅浦文書』の一文に、後世へのメッセージがあります。「今後、再び集落の存亡にかかわる事態が発生した際には、住民全員が団結して、全力で立ち向かうことが重要である」と。


（木下義信）

四、志那港と矢橋港

草津市にある港、志那と矢橋《やばせ》は古くから開けていた港として知られ、山田港（山田浦）は、中世に開かれていた記録があります。その後、盛衰はありましたが、この三つの港は明治時代まで存続し、整備され、草津三港とよばれました。

志那の港は康和元年（一〇九九）に京都の平家軍が北陸の源氏征討のために上陸したことが『源平盛衰記』に書かれています。また長享元年（一四八七）には、佐々木氏征討のために在陣していた足利義尚の「鈎《まがりのやかた》館」に将軍拝謁《はいえつ》に訪れる公卿《くぎょう》、僧侶が利用しました。明治以降は、水上交通の港として対岸の大津・石場との定期便も就航し、最盛期には年間二万人以上の利用者がありました。

矢橋は、近江八景の一つ「矢橋帰帆《きはん》」で知られた渡船の場です。万葉集にも地名が読まれたものがあり、そのころには既に港として機能していたことがうかがえます。以仁王の「平氏追討」に始まる治承・寿永の乱（一一八〇～一一八五）以来、軍略地であったようですが、東海道宿駅が整うにつれ「矢橋の渡し」と呼ばれ、江戸期には錦絵にも描かれました。

常夜灯と石垣だけが港の面影を伝える矢橋港跡（草津市矢橋町）

さて、このように古代から続く志那と矢橋の港は、古くから水上交通の要衝として繁栄していましたが、輸送と交通手段が自動車へと変化するにつれて、その機能は薄くなっていきました。現在では、志那の港は漁港として存続していますが、矢橋の港はその姿を消してしまいました。

現地を歩いてみると、移り変わりゆく景色を実感することができます。まず志那の港ですが、周辺は静かな住宅地と農地が広がり、湖岸沿いには淡水真珠の養殖場も見られます。また、対岸には昔と変わらない比叡山を見ることができます。街の風景や建物などは大きく変化していますが、変わらぬ風景もあることがよくわかります。

次に、矢橋周辺をみてみましょう。かつての矢橋港の面影はほとんど残っておらず、「弘化三年」(一八四六)と刻まれた常夜燈が港の様子を伝えています。港は湖岸が最も内側に入り組んでいるところに設けられており、現在は静かな住宅地と農地となっています。「矢橋帰帆島」として大部分が埋め立てられ、平成二〇年にオープンした大型ショッピングモールが近江大橋の東のたもとに大きくそびえ、港から対岸を望むこともできなくなってきました。

なお、矢橋の港については草津市教育委員会により発掘調査が行われ、江戸時代の港跡の一部が明らかになっています。港跡は公園になっており、当時の石垣をそのままみることができます。

かつて万葉の句に読まれたような情景や近江八景をしのばせるような風景に思いを巡らすことも難しくなっていますが、それは人間活動の結果であり、風景の変化はそれに伴ったものなので仕方ないかもしれません。とはいえ、少し歴史をひもといて現在ある風景を眺めてみれば、いつも見ていた風景に違った側面が見いだせて少し楽しい時間が過ごせる、そんな気がします。

(坂下　実)

探訪

葛籠尾崎湖底遺跡

葛籠尾崎《つづらおざき》は、琵琶湖の北端部にある、北湖に突き出した岬状の地形です。山がちで険しい地形が続き、急な斜面が深い湖底まで続いています。現在は西側が伊香郡西浅井町、東側が同郡高月町と東浅井郡湖北町の飛び地となっていますが、近世まではすべて「浅井郡」の範囲でした。

大正十三年(一九二四)末、湖水を挟んで葛籠尾崎の東方に位置する尾上《おのえ》(現湖北町)の漁師が魦《イサザ》漁をしていたところ、その底引き網に数個の土器が引っ掛かりました。その後も、縄文土器や弥生土器・土師器《はじき》・須恵器などの土器や石器などの遺物が次々と引き揚げられ、湖底遺跡の存在が明らかになったのです。

このような深水部にある遺跡は世界的にも例がないために広く知られることとなり、また、琵琶湖の湖底遺跡研究のきっかけにもなりました。その研究を特に進められたのが、尾上出身の故小江慶雄博士(元京都教育大学学長)です。小江博士は滋賀県を主な研究フィールドとし、長年にわたり水中考古学を積極的に研究されました。

昭和三十四年(一九五九)には京都新聞社により音響探査などによる「びわ湖湖底総合科学調査」が行われ、葛籠尾崎と尾上の間には深さ七〇メートルを測るV字形の深い谷があり、遺物の分布はその谷底まで広がることがわかりました。昭和四十八年(一九七三)には、滋賀県教育委員会により遺物の出土状況などを確認する潜水調査が行われました。湖底での遺物は、土中に埋没せずに露出していました。これは周囲に河川が無く土砂が堆積《たいせき》しなかったため、沈んだ当時のままの状態で残ったためと考えられます。この潜水調査の時の様子は、滋賀県立琵琶湖博物館(草津市下物町)で見学できます。

遺物の引き揚げ地点やこれらの調査から、遺跡の範囲は葛籠尾崎の先端から東沖約十～七百メートル、葛籠尾崎の湖岸に沿って北へ数キロと広大であることがわかりました。

遺物は、現在までに約百五十点が見つかっています。土器の年代は縄文時代早期から平安時代後期までの約八千年と長期にわたり、完形品が多いのが特徴です。また湖水に含まれる鉄分（湖成鉄《こせいてつ》）が厚く付着したものも多く、これは長い間同じ位置にあったことを裏付けています。

遺跡の成因については、小江博士の研究以降、いくつもの説が提示され、湖上住居説や湖岸遺跡からの遺物流出説、地形変動による遺跡の沈下説、沈没船の積み荷説などがあります。また、葛籠尾崎の北東にある、北陸方面との玄関口となる塩津港へ往来する船が、安全を祈願して土器を奉納したのではないか、とする説もあります。しかし、いずれも推定の域を出ていません。

見つかった土器を観察しますと、縄文土器や弥生土器には煮炊きに用いられたことを示す煤《すす》が付着するものもありますが、古墳時代以降の土器にはそのような使用した痕跡が見当たりません。出土する土器から時代により遺跡の成因が変化している可能性も考えられます。

葛籠尾崎湖底遺跡から引き揚げられた出土品のほとんどは、小江博士の尽力により散逸を免れ、湖北町指定文化財として、現在も尾上公民館内にある葛籠尾崎湖底遺跡資料館で、小江博士の業績とともに大切に収蔵・展示されています。

問合せ先 〇七四九―七九―〇四〇七

（小島孝修）

葛籠尾崎湖底遺跡から引き揚げられた遺物（湖北町の尾上公民館）

第四章

琵琶湖を統《す》べる人

―中世から近世へ―

膳所城の沖を走る丸子船（『近江名所図会』より　大津市立大津市歴史博物館提供）

第一節　信長と琵琶湖

一、琵琶湖城郭ネットワーク

城郭用語に「海城《うみじろ》」ということばがあります。天守や本丸、城そのものを海に張り出させるよう建築した城のことを、そのように呼んでいます。たとえば、愛媛県今治城や山口県萩城がそれにあたります。

日本全国にたくさんの城郭が存在しますが、湖に突き出したように築かれた城は全国に八つしかありません。ひとつは、長野県諏訪市にある諏訪湖に面した諏訪高島城です。そして、残りの七つが、すべて琵琶湖のまわりに築かれました。実はこのような城のスタイルを考え出したのは織田信長だといわれています。

信長は、上洛を果たして以後、早い段階から琵琶湖の存在を重視していました。元亀の争乱以降、堅田衆を味方に引き入れると、琵琶湖の〝制海権〟を手に入れることに成功しました。これによって信長は、尾張、美濃や京への安全な物や人の移動ルートを手に入れることができたのです。このことが、彼にとっては近江支配における重要な戦略でした。

信長は、琵琶湖のまわりに戦略拠点として安土城を含めた四つの城を造り始めます。そのひとつが、元亀三年（一五七二）に明智光秀に築かせた琵琶湖の南西に位置する坂本城です。

さらに、天正二年（一五七四）には羽柴秀吉に命じ、琵琶湖の北東に長浜城を築かせました。そして、自らは天正四年に安土城を築き、天正六年、その対岸に甥《おい》の津田信澄に大溝城を築かせます。

この琵琶湖の東西南北に配置された城の配置を「琵琶湖城郭ネットワーク」と呼んでいます。その位置関係はさながら、湖上に浮かぶ「グランドクロス」です。

そして、この戦略は信長亡き後に政権を取った豊臣秀吉や徳川家康にも受け継がれていきます。天正十年、秀吉は焼失した坂本城の再建を丹羽長秀に命じ、天正十五年には浅野長政に大津城の築城を命じます。家康も慶長五年（一六〇〇）戸

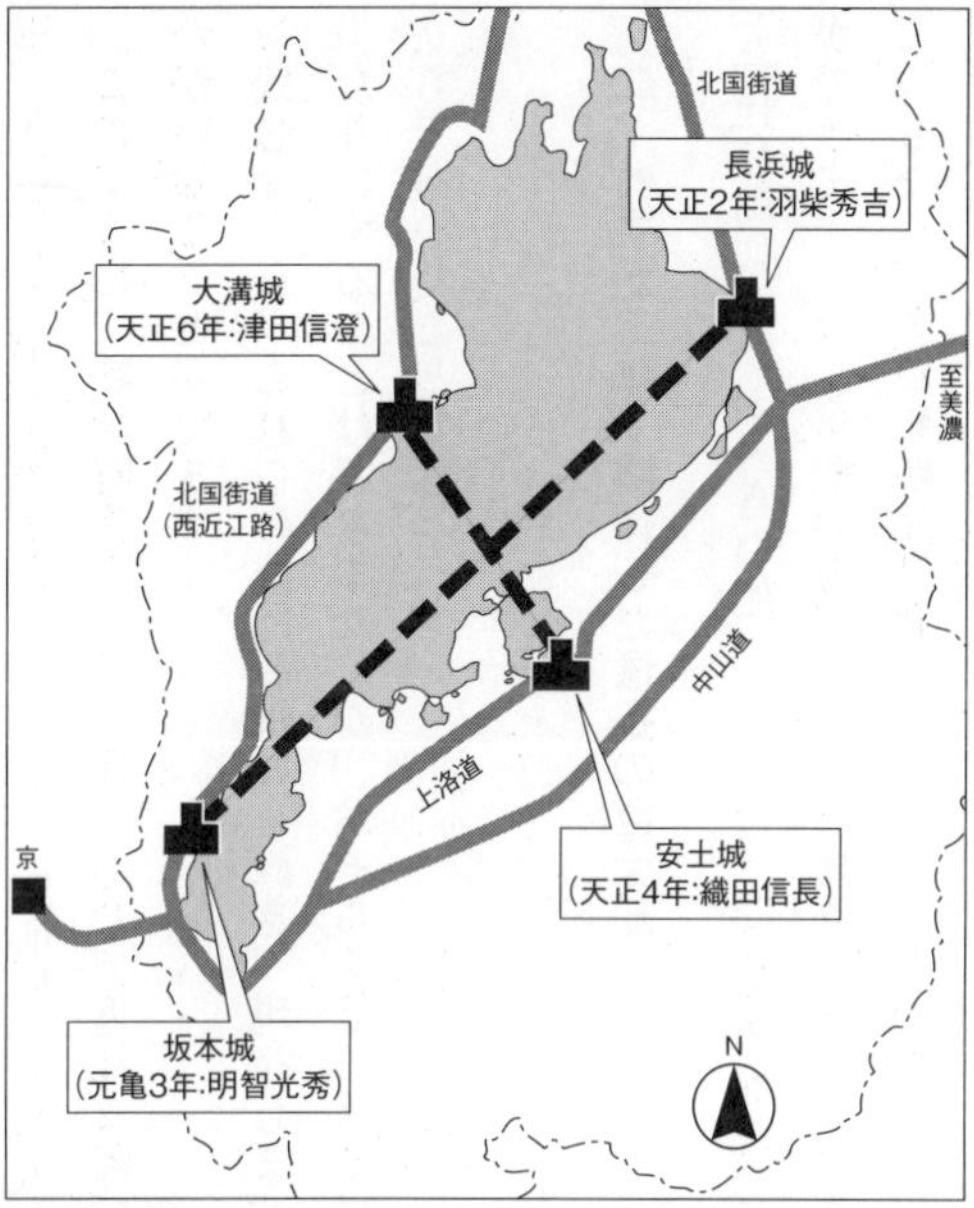

琵琶湖城郭ネットワーク

田一西に命じ、大津城を廃城したのちに膳所城、慶長八年には彦根城を築かせます。

このように、戦国時代や江戸時代を通じて近江支配における琵琶湖の重要性は度重なる築城からうかがい知ることができます。

残念ながら、これらの城は彦根城を除き、現存しません。今われわれは湖上に浮かぶ城の姿を目の当たりにすることはできませんが、おそらくその雄姿は水面に浮かぶ「湖城」と呼ぶにふさわしい出《いで》立ちであったことでしょう。


（木戸雅寿）

二、わずか三年で解体した信長の巨大船

「琵琶湖に浮かぶ大きな船」と言えば「ミシガン」「ビアンカ」や「うみのこ」の船名をあげることができます。少し年配の方ですと「玻璃丸《はりまる》」を思い浮かべられるでしょう。しかし約四〇〇年前、とてつもなく大きな船が琵琶湖に浮かんだことがあったのです。

「其時のために大船を拵《こしら》へ、五千も三千も一度に推付け越さるべきの由候て、五月廿二日、佐和山へ御座を移され、多賀・山田山中の材木をとらせ、佐和山山麓松原へ勢利川《せりかわ》通り引下《ひきおろ》し、国中鍛冶・番匠《ばんじょう》・杣《そま》を召し寄せ、御大工岡部又右衛門棟梁《とうりょう》にて、舟の長さ三十間・横七間、櫨《ろ》を百挺立てさせ、艫舳《ともへ》に矢蔵《やぐら》を上げ、丈夫に致すべきの旨仰聞かせられ、在佐和山なされ、油断なく夜を日に継《つぎ》仕候間、程なく、七月五日出来訖。事も生便敷《おびただしき》大船上下耳目を驚かす。案のごとく」

信長の巨大船は琵琶湖汽船の遊覧船「ビアンカ」に匹敵する大きさだった

これは『信長公記《しんちょうこうき》』巻六に書かれていたものです。

元亀《げんき》四年（一五七三）織田信長は、室町幕府十五代将軍足利義昭が反信長の戦備を整えているとの情報を得ました。そこで、当時の信長の拠点である佐和山（彦根市）から坂本（大津市）へ多数の兵員を一度に輸送するために、急遽《きゅうきょ》巨大な船の建造にかかります。建造にあたっては、後に安土城天主建設の大工頭を務める岡部又右衛門が棟梁となり、信長自らが工事の指揮監督をしました。

大船は長さが約五十四メートル、幅が約十三メートルと、現在琵琶湖に浮かぶ船の中で最も大きいミシガンやビアンカとほぼ同じ位の大きなもので、あまりにも大きな船が出現したことに人々は非常に驚いたことが、先の文献からわかります。

しかし、信長の肝入りで作られた大船は、完成直後の七月六日に坂本まで走らせた後、同月二十六日の高島攻めに使われたきりで、その後は記録から消え、次に現れるのは約三年後の天正四年（一五七六）のことです。

「先年佐和山にて作置かせられ候大船、一年公方《くぼう》さま御謀叛の砌《みぎり》、一度御用に立てられ、此上は大船入らず、の由候て、猪飼野甚介に仰付けられ取りほどき、早舟十艘に作りをかせられ」（『信長公記』巻九）

大船は解体されて、小さな船（早舟）十艘に作り替えられてしまった様子が記されています。ではなぜ大船は解体され、また、その後の琵琶湖の船運に生かされることはなかったのでしょうか。

まず、海とは違う琵琶湖特有の自然条件を考えてみます。琵琶湖の水深は北湖が深く南湖が極端に浅くなっています。さらに、港が置かれていた内湖や沿岸部も水深は浅いうえに、四季を通じて水位の変動が激しいのです。また、海水に比べると淡水は、船の浮力を得にくい特徴があります。

次に、大船の構造を見てみましょう。戦国時代の海において大型の軍船として使用されたのは安宅船《あたけぶね》と呼ばれる船です。安宅船は、板材を縫い釘と鎹《かすがい》によって繋《つな》いで建造した船体の上に、ほぼ同じ面積の箱形の構造物（矢倉）が据え付けられた船です。小さなものでも五百石積級、通常千石以上二千石積級であった

現在の堅田漁港。中世から南湖屈指の港だったが、信長の巨大船が入港できるスペースはなかった

といわれており、信長が作らせた大船もおそらくは大型の安宅船ではなかったかと思われます。

琵琶湖博物館の用田政晴さんの聞き取り調査によると、荷を積んだ百石積の丸子船が入れる港は、かつての堅田港でも二カ所しかなかったといいますが、これは先に述べたように水深が大きく関係しています。

このことから琵琶湖では、信長の大船のような千石積級の船が自由に航行し、着岸するのは、そもそも無理があったといえます。つまり、琵琶湖では喫水が深い大きな船は、実用的な使用ができなかったのです。

そして信長の失敗以降、琵琶湖では、多量の荷を積める大型船は建造されず、その自然条件に適した船が発達することとなったのです。

さて、信長はこのあとどうしたのでしょう。

天正四年（一五七六）の石山本願寺攻めにおける大阪湾木津川河口の海戦では、織田水軍は本願寺を援助する強力な毛利水軍に完膚無きまでにたたきのめされますが、天正六年の二回目の木津川河口の海戦では、織田水軍が圧倒的勝利を収めます。

強力な毛利水軍を打ち破ったのは、鉄甲船とよばれる鉄板で外装を覆った非常に大きな安宅船でした。鉄甲船を建造する際には、琵琶湖での大船建造の技術と経験が大いに役に立ったのではないかと思われます。

転んでもただでは起きない。さすがは信長と言ったところでしょうか。

（岩橋隆浩）

コラム 天正大地震

昔から怖いものの代表格として「地震・カミナリ・火事・オヤジ」が挙げられます。この中でオヤジとカミナリは考古学からアプローチするのは難しいのですが、地震と火事はその痕跡が遺跡の調査を通じて確認されることがあることから、考古学の研究対象とされています。

時は天正十三年(一五八五)十一月二十九日夜。岐阜県北西部を震源とするマグニチュード七・九〜八・一(推定)の大地震が、近畿から東海、北陸にかけての広い範囲を襲いました。天正大地震です。二〇〇八年、中国で非常に大きな被害をもたらした四川大地震が、マグニチュード八・一であったことからも、その規模の大きさがうかがえると思います。

近江国も例外ではなく大変大きな被害を受けましたが、中でもよく知られている被害が長浜城の全壊です。当時長浜城主であった山内一豊の記録である「一豊公

下坂浜湖中の井戸跡(長浜市立長浜城歴史博物館提供)

記」には、一豊と千代（見性院）の一人娘である与祢《よね》姫が、梁《はり》の下敷きになって亡くなったことが記されています。また宣教師フロイスが残した書簡によれば、千戸あった長浜の町家のうち半分が地面に沈んだり津波にのみ込まれたりし、残り半分が焼けたといいます。

時は平成の世。旧長浜町の有力者である下村藤右衛門邸跡の発掘調査が行なわれました。調査の結果、焼失倒壊した土蔵の下から、おびただしい数の陶磁器類や銅銭、穀物類、布などが続々と姿を現しました。この陶磁器の年代が十六世紀後半のものだったことから、この土蔵跡は天正大地震で被害を受けたものであることがわかり、先に述べた地震の被害の一端を知ることができる資料として、非常に注目を集めました。

実はこのような地震の被害を受けた痕跡は琵琶湖の底から、滋賀県立大学の林博通教授率いる調査チームによる調査でも発見されました。

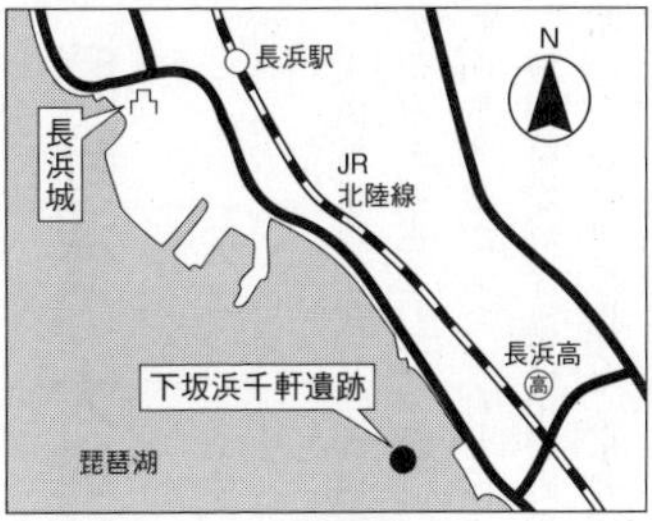

長浜城と下坂浜千軒遺跡

長浜市下坂浜町の沖に残る下坂浜千軒遺跡は、湖岸から約百九十メートル沖合の水深三メートルにあり、盛り土状の遺構やそれに打たれた杭《くい》などがあります。この杭は年代測定の結果一四六〇年～一六六〇年に伐採された木であることがわかりましたが、この時期におきた大地震は先に紹介した天正大地震しかないことから、地滑りを起こして湖中に没してしまったと考えられています。被害のすさまじさを感じずにいられません。

今の世の中でこのような大地震が引き起こす被害は想像できませんが、大地震に備える対策に考古学の調査成果が寄与できるのではないでしょうか。考古学とは昔のことを考えることで、未来のことを見通す学問なのです。

（岩橋隆浩）

探訪

勝野津の大溝城

大溝城は織田信長が湖西の守りを固めるために、甥の信澄《のぶずみ》を城主として、設計、監督は、信澄の義父である明智光秀があたったと伝えられています。

城が築かれた高島市勝野の地は、古代からの良港であった勝野津を抱え、京の都と北陸地方を結ぶ西近江路が通る、水上交通と陸上交通の要衝地として栄えていたところでした。

大溝城自体は、元和元年（一六一五）の一国一城令により、そのほとんどが解体され、甲賀市の水口岡山城に移築されてしまいましたが、築城当時の姿については、現存する古絵図『織田城郭絵図面』で知ることができます。

この古絵図によると、本丸の周囲には琵琶湖からの細い水路で通じる内湖があり、外堀としての役目を果たしていたことがわかります。

また、本丸の他にも家臣たちの屋敷地が並ぶ二の丸、三の丸を構え、さらにその外側には商・工業に携わる人々を住まわせた城下町がつくられます。

天正六年（一五七八）の建築当初の遺構としては、JR高島駅を降りて琵琶湖側に五分ほど歩いたところにある、本丸天守台の石垣があります。石垣には、安土城築城に使用されたものよりも豪壮な巨石が使用されており、天正年間の石垣遺構としてはたいへん貴重なものとされています。さらに、この石垣遺構から南東側に足をのばすと、かつての天然の外堀である内湖が、現在は「乙女ヶ池公園」として整備されており、一望できます。

天正十年（一五八二）に本能寺の変で光秀が信長に謀反を起こすと、城主であった信澄は光秀の女婿であったために疑われ、織田信孝（信長の三男）と丹羽長秀らに自害させられてしまいます。信澄死後、勝野の地は城主がめまぐるしく代わり荒廃してしまいました。

元和五年（一六一九）、分部《わけべ》光信《みつのぶ》が伊勢国上野から入封し、三の丸があった場所に陣屋を構えると、信澄時代の城下町を土台としながら近世的な城下町への整備を進めました。城下町の各通りには、道路の中央に生活用水や防火用水として活用されていた石垣水路が走り、独特の町並みを形成していました。

現在、町の各所には、「蝋燭《ろうそく》町」「紺屋町」といった、城下町時代の町名を示した表示板や石標が配置され、往時の町並みを垣間見ることができます。江戸時代の城下町を探訪してみては、いかがでしょうか。

また、この地は、古代以来の水運・陸運の要衝地で、物資流通の基地でした。街中を歩いてみると、今もどっしりとした商家や造り酒屋などの建物が残り、高島商人の繁栄を偲《しの》ぶことができます。

大溝城天守台の石垣（高島市勝野）

大溝城の外堀だった乙女ヶ池（高島市勝野）

アクセス ＪＲ高島駅下車徒歩五分。

（田中咲子）

探訪

安土城の見どころ

二十年ぐらい安土城を訪れていない方は、安土山の変貌《へんぼう》に驚かれるに違いありません。麓で入山料を払うようになっただけではなく、かつては深閑、鬱蒼《うっそう》としていた古城の姿が一変しているからです。

以前は山頂の本丸跡と天主跡、それに山腹の總見寺《そうけん》跡と五重塔を見ることができるのみでしたが、現在は麓の大手口からの道筋や両側の屋敷跡などが整備されています。今回はそんな安土城の見どころを紹介しましょう。

天正四年(一五七六)、天下布武の拠点として織田信長によって築城された安土城は、天正七年に完成を見ました。しかし、同十年には本能寺の変の一端で焼失します。その寿命は築城から六年、完成から三年という短いものでした。その後、信長が創建した總見寺に守られて現在に至ります。国家的事業で築城された九十ヘクタールにおよぶ安土城は四百年のときを経て荒廃していきました。

大正十五年に国史跡として指定された当時の本丸跡は瓦礫《がれき》の山であったようです。昭和五年頃に山道が整備され、山に登ることができるようになりました。これが旧の山道です。昭和二十七年に特別史跡に指定され、翌年にかけて発掘調査が行われます。日本で初めての城の発掘調査でもありました。

この調査によって本丸と天主跡の全容を見ることができるようになりました。本丸御殿や天主跡に残る礎石は当時のものです。よく見ると柱の痕跡、火災を受けた跡、建物が倒壊したためにひっくり返った礎石などを見ることができます。

天主は「地下一階(礎石のある位置)五層七階建」で、約五十メートルの高さがあったといわれています。その規模は東大寺大仏殿よりも高く、一階部分は姫路城天守よりも大きいと考えられています。

安土山全山が安土城です。眼下に広がる水田地帯は、かつては内湖で、安土山は湖に浮かぶ船のようでした。晴れた日には長浜城も見ることができます。

昭和三十年代からは、本丸全体の石垣修理が実施され、現在のような姿になりました。なお参考ですが、築

内湖に突き出した半島が安土山。内湖が干拓される前の〝湖上に浮かぶ安土城〟を伝える貴重な写真

城時の石垣を写真に収めたい方は、伝二の丸跡および天主台の石垣がおすすめです。二の丸入り口前の仏足石や「蛇石」伝説のある大石もこの修理の時に石垣から発見されたものです。

滋賀県では大切な文化財としての安土城跡を守るため昭和五年ごろから五十年代にかけ、保存修理を行ってきました。そして、平成元年からは二十年計画で平成の大修理に着手、完成を見ました。それが大手道を中心とした復元整備で、幅約六メートル、直線距離にして約百三十メートルもある威風堂々とした石段が新たに発見されました。

整備では、失われた石を補填《ほてん》しながら当時の石を使用し、復元がなされています。当時の石は道の両側に多く残っていますので、溝に落ちないように注意し、どの石段や石垣が当時のものか確かめてみてください。道の両側には三メートルを超える石塁が立ちはだかり、その内側に家臣の屋敷群があったこともわかりました。現在、伝羽柴秀吉邸跡と前田利家邸跡が整備されています。

〝湖に浮かぶ城〟の歴史ロマン。ぜひ現地で思いをはせてください。

（木戸雅寿）

アクセス ＪＲ安土駅下車徒歩二〇分。

探訪

秀吉が築いた水城・長浜城

　ＪＲ北陸線長浜駅を降り、西を望むと琵琶湖のすぐそばに天守閣をそなえたお城が見えます。この城は昭和五十八年（一九八三）に建てられた長浜市立長浜城歴史博物館です。付近には観光名所が数多くあり、休日は多くの人で賑《にぎ》わいます。この博物館がある場所は、今から四〇〇年ほど前に、羽柴（豊臣）秀吉の長浜城築城のために造成された土地なのです。博物館の近くには太閤井戸と呼ばれる井戸が湖面から顔をのぞかせ、長浜城の往時の様子が僅《わず》かに垣間見られます。

　天正元年（一五七三）、小谷城攻防戦にて活躍したことを認められ、小谷城主となった羽柴秀吉は、琵琶湖岸に新たな城を築き始めます。築城の地に選んだのは、天嶮《てんけん》の要害を利用した小谷城とは全く異なる地、湖岸沿いの「今浜」と呼ばれる所でした。

　長浜城については、絵図や古文書等の史料はほとんど残っておらず、残念ながら築城当時の様子を知るこ

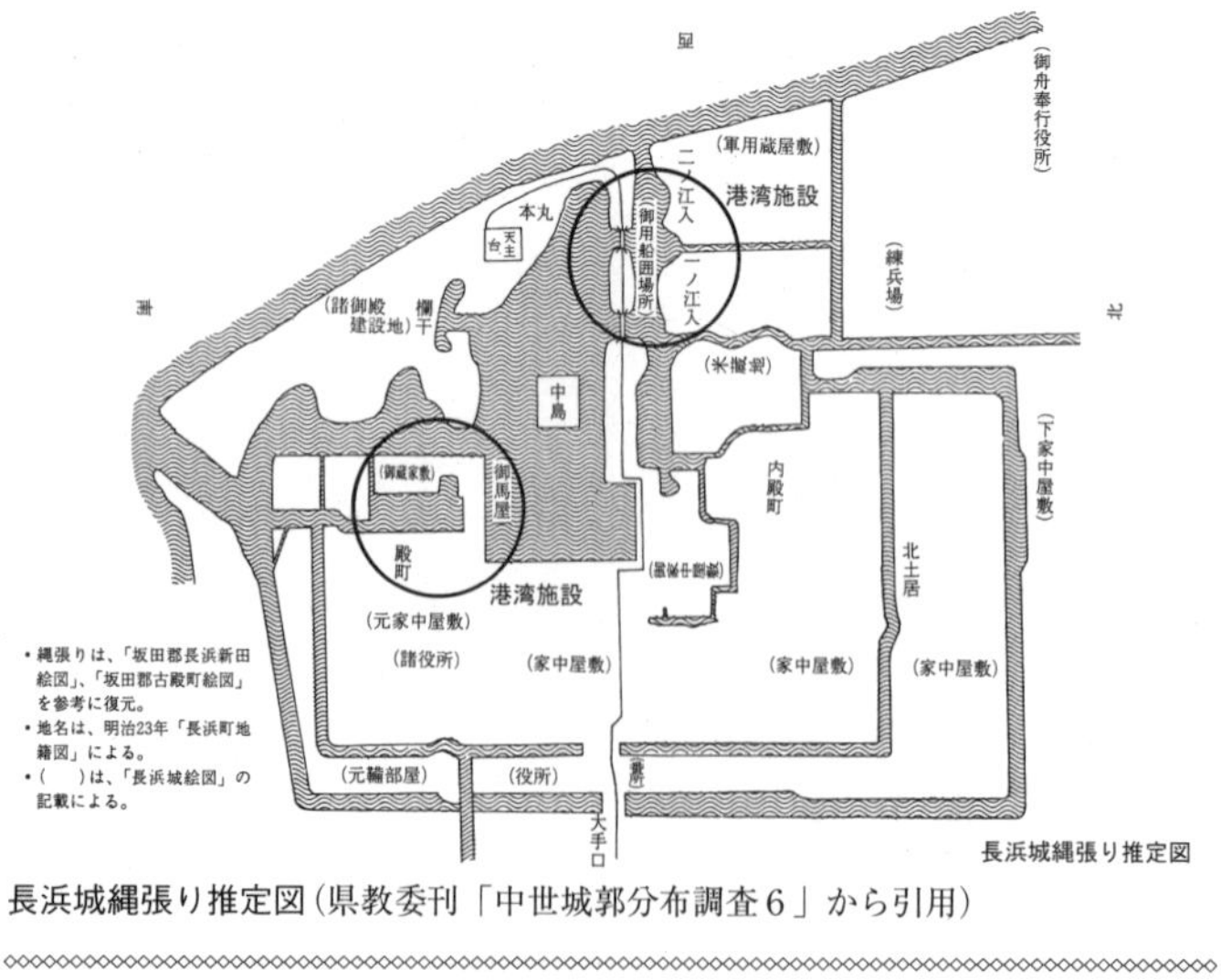

長浜城縄張り推定図（県教委刊「中世城郭分布調査６」から引用）

長浜市立長浜城歴史博物館

とはできません。秀吉の死後、五年ほど山内一豊が在城し、慶長十一年（一六〇六）には内藤信成が城主となり、元和年間（一五一六〜一六二三）に廃城となります。やがて城の部材は彦根城築城の際に持ち出され、城跡は田畑になり、かつて繁栄した城の姿は、すっかり失われてしまいました。

長浜城が存在したときの様子は史料から知ることはできませんが、江戸時代の伝承や絵図、発掘調査などの研究が進み、次第に長浜城の様子が明らかになりつつあります。江戸時代中期の作といわれる『長浜町絵図』によると、長浜城は二重の外堀をもち、その内部に武家屋敷や鍛冶関係の施設、倉庫、港湾施設と思われる記載がみられます。

中でも注目されるのは港湾施設です。城の中核的施設である天守北側の堀には、「御用船囲場所」という記載があり、発掘調査でも天守跡北で堀に向かって降りる階段状の石組が確認されています。また、天守の東には船入りと思われる箇所があり、そこには「御蔵家敷」と「御馬屋」の記載がみられます。

このように、長浜城は少なくとも二つの港を持っており、水上交通を強く意識して築かれた城だったのです。小谷城が山を利用した侵入者を拒むことを重視した山城であるのに対し、長浜城は湖岸を利用した、人・物資を受け入れることをも重視した水城であったのです。

（重田　勉）

アクセス　ＪＲ長浜駅下車徒歩七分。

第二節　秀吉と琵琶湖

一、坂本城から大津城へ

天正十四年（一五八六）頃、豊臣秀吉の命により大津城と呼ばれる城が大津市浜大津に築かれたことをご存知でしょうか。残念ながら、現在はほとんど面影を見ることはできませんが、日本史の大事件にかかわりながら登場し、消えていったのです。

まずは、大津城が築かれた理由をみることから話をはじめましょう。

元亀元年（一五七〇）、当時の人々を震撼《しんかん》させた織田信長による山門延暦寺焼き打ちが行われました。浅井、朝倉および彼らに加勢した延暦寺との争いが続く中、翌元亀二年に比叡山麓《さんろく》の下阪本に坂本城が築かれ、明智光秀が城主となりました。この城は、延暦寺を監視するとともに、近江平定を目指す拠点のひとつとしての役割を担っていたのです。

当時ポルトガル人宣教師ルイス・フロイスが「信長が安土山に建てたものにつぎ、この明智の城ほど有名なものは天下にない」と評した名城でしたが、天正十年（一五八二）の本能寺の変の後に落城しました。

その後、丹羽長秀によって再建され、維持されていたのですが、天正十四年ごろに廃されて大津城が築かれました。

なぜ、坂本城が廃されたのでしょうか。

天正十四年当時、秀吉は賤ヶ岳の合戦で柴田勝家を破り、畿内近国を平らげ、かつ、徳川家康との間にも和議を成立させており、坂本城が担っていた近江平定のための軍事上の役割は必要ありませんでした。加えて、秀吉は信長とは違って延暦寺を復興し、保護していくという政策をとったことから、延暦寺を監視するという役割も必要なくなったのです。つまり、存在意義がなくなったのです。

坂本城と大津城の位置

二、大津百艘船

天正十五年二月、初代大津城主、浅野長政（長吉）は、軍用や輸送に用いる船をまとめて徴発することができなかったことから、大津浦に坂本、堅田、木浜などから百艘の船を集め、大津浦からの荷物・旅人の積み出しを独占し、他浦での課役負担を回避させるという特権を持つ「大津百艘船」を組織し

天正15年、大津百艘船の創設にあたり５カ条の特権が掲げられた「浅野長吉高札」（長浜市立長浜城歴史博物館所蔵）

たのです。

秀吉の縁者で家臣の浅野長政が大津城主となり、大津百艘船という船団を組織した理由は何だったのでしょうか。

この頃、秀吉が城を築いた大坂や伏見に政治経済の中心が移り変わっていました。そこで、近江を中心としつつも東国や北国に分散していた合計八十万石にもおよぶ秀吉の蔵入地（所領）の年貢米を遅滞なく運ぶ必要がありました。京都と延暦寺とのかかわりで繁栄していた坂本の港から山中越えで京都に向かってから大坂を目指すよりも、逢坂山を越えて伏見に出て大坂へ向かう方が比較的便利であることから、大津港の重要性が高まったのです。

そこで、大津は、東国・北国から琵琶湖諸浦を経て京都や大坂を結ぶ交通網の要としての役割を担ったのです。大津百艘船が大津城主によって特権を与えられ手厚い保護を受けた背景には、東国・北国および近江国内の物資を大坂へと運ぶことが義務付けられていたからなのでした。

秀吉の便宜のために組織された百艘船は、大津にも大きな影響を及ぼしました。日本列島の東半分の物資が大津を経由することにより、未曾有の繁栄をみせたのです。このことについては、次章で詳しくお話しすることにいたします。

ともかく、人が琵琶湖とかかわり始めて以来、小規模で分散化していた水上交通が、秀吉の手によってようやくまとめられたのです。

琵琶湖を渡る風を読み湖水の流れを読んで船を操ることに長じた彼らは、時代の流れを読むことにおいても長じていました。慶長五年（一六〇〇）、天下分け目の関ヶ原の合戦の前哨戦として東軍についた京極高次による大津籠城戦がありましたが、なんと、その際に百艘船の面々は高次に従いともに籠城し、戦後、彼らは褒賞の銀子を与えられたのです。

この後、徳川家康は大津城を廃し、膳所で城を築き始めます。では、大津はどうなったのでしょうか。膳所築城と同時に大津は天領となり、徳川政権の経済を担っていた幕府の代官頭である大久保長安が支配することになりました。

長安は、歴代大津城主と同様に、大津百艘船の特権を認め、さらに慶長七年（一六〇二）、大津百艘船の船頭が居住していた船頭町（現在の長等二、三丁目）などでは、幕府の御用を勤めているという理由から、大津宿に課せられた人足役が免除されていました。このように、大津百艘船は、時の権力者から手厚い保護を受けていたのでした。

秀吉と長吉、家康と長安。ときの天下人と懐刀《ふところがたな》が直接支配を試みた大津の港は、東国と西国を結ぶ経済の重要拠点であったのです。

三、船奉行芦浦観音寺

琵琶湖の水上交通は、秀吉によって組織された大津百艘船によって一つの到達点にいたりました。ただし、当時の琵琶湖上の船は、大津浦に集められた「百艘の船」だけではなく、大小あわせると、およそ二千艘にも及んだといいます。

では、他の船はどのように取り扱われていたのでしょうか。

秀吉以前とは異なり、「船奉行」が設けられ、管理されていったのでした。船奉行の役割は、船の管理、税金の徴収、御用役船の手配などでした。琵琶湖上での水運を統一的に掌握するという政治的側面もさることながら、年間七百枚におよぶ銀子が運上銀として秀吉にもたらされるという経済的側面も大いにありました。

天正年間(一五七三~九二)に初代奉行となったのが、草津市芦浦町に現在も所在する天台宗芦浦観音寺の詮舜《せんしゅん》でした。芦浦観音寺は戦国時代以来、志那の港をおさえていました。さらには、詮舜の兄である賢珍が秀吉の信任を得て蔵入地の代官を務めていたこともあり、船奉行となったのでした。

船奉行となった詮舜は、秀吉の「唐入り」（文禄・慶長の役）にあたっては、唐入奉行早川主馬頭らとともに加子（船乗り）の徴発を行いました。琵琶湖諸浦の加子三十五名を引き連れて、朝鮮に赴くべく出兵の基地となっていた肥前名護屋《なごや》（現在の佐賀県唐津市鎮西町）へと向かっています。

詮舜は慶長五年（一六〇〇）に没し、甥の朝賢が跡を継ぎ船奉行となりますが、相変わらず豊臣政権と強いつながりを持ちつづけます。同年の天下分け目の関ケ原の戦いにおいては、大津百艘船の面々とは異なり、敗れた西軍の味方をしたのでした。

しかし、西軍に与《くみ》したにもかかわらず、朝賢は、大久保長安らによって従来通り船奉行に任じられました。ただし、彦根藩領の船は船奉行の支配の手から離れ、権限は縮小していきました。

さらに、貞享二年（一六八五）、朝賢から三代目の朝舜の時に事件が起こります。朝舜が

初代船奉行となった芦浦観音寺の詮舜（芦浦観音寺所蔵、写真は滋賀県立琵琶湖文化館提供）

代官を務めていた蔵入地の収納が滞っているとして、代官と船奉行の職務を免じられてしまったのです。

これは、徳川幕府が開かれて以来、地元との関係が濃厚であった代官にかえて、幕府の官僚的な代官へと移行させる政策の中で執り行われたものでした。江戸時代を通じて、代官を世襲した事例はほとんどなく、本当に蔵入地の収納が滞ったのかはともかくとして、起こるべくして起こった出来事であったのです。

大津百町のひとつ、「観音寺」は、かつて船奉行観音寺の役宅があったことに由来します。今はその名を留《とど》めるのみで、湖上の船を取り仕切っていたかつての隆盛をうかがうことはできません。

（畑中英二）

探訪

城館を思わす芦浦観音寺

芦浦観音寺（草津市芦浦町）は東南から琵琶湖に流れ込む堺川の南、近世以前の湖岸線からほど近い所に位置します。天台宗の別格寺院で、聖徳太子の開基、秦河勝《はたのかわかつ》の創建伝承をもつ古刹《こさつ》です。重要文化財阿弥陀如来立像をはじめ、同じく重要文化財の建造物である書院や阿弥陀堂など数多くの国指定、県指定文化財を有しています。寺域は「芦浦観音寺跡」として国の史跡に指定されています。

草津市には十一カ所の白鳳期寺院跡が所在していますが、そのほとんどが芦浦観音寺の所在する草津市北部地域に集中しています。創建当時の所在地は明らかになっていませんが、正面の長屋門付近に築かれた石垣に穴の空いた石があります。これは古代寺院の礎石を石垣に転用したものです。境内からは白鳳期の瓦も出土しており、現在と同じ場所に古代寺院があった可能性があります。

古代寺院の礎石を転用した長屋門の横の石垣（左下）（芦浦観音寺）

観音寺には永禄二年（一五五九）〜寛永十一年（一六三四）ごろに描かれたと考えられる『芦浦観音寺境内絵図』が伝わっています。この絵図からは当時の芦浦観音寺が堀と石垣、土塁で囲まれていたことが見て取れます。敷地を囲む堀は北西に船溜りを設け、堺川を通じて琵琶湖につながっていた様子が描かれています。正面には長屋門を備え、まるで中世の城館のような外観をもっています。

現在でも観音寺は幅三・六〜八・二メートルの堀と最高二メートルの土塁に囲まれており、正面付近には左右に伸びる立派な石垣と長屋門があります。表門付近の堀幅は広く、当時の隆盛を今に伝えています。また、現在は耕作地になっていますが、西側にも寺域は広がっており、当時は堀であったと考えられる水路を、住宅地の横に今もみることができます。

観音寺は、一見城郭と見まがうほど重厚な門構えの敷地の中に、阿弥陀堂や書院などの宗教的な建物と政所などの実務的な建物とが立ち並んでいます。

先述の絵図によれば、当時の政所《まんどころ》は入り口正面に位置しており、隣接する仏間を覆うように建物を建て、仏間の背後に台所を設けるなど、実務的な空間を構成

水上交通を統制した時代の威容を伝える堀と石垣（芦浦観音寺）

しています。

一方で、宗教的な建物の象徴であるはずの仏間は覆い屋の中に収められ、書院や阿弥陀堂が敷地の隅にあるなど、当時の観音寺にとって宗教空間の占める割合は非常に低く、当時は実務を行う場所のほうが重要であったことがうかがえます。また、これらの区画は塀で区切られ、まるで城館のような構造を持っていました。

中、近世の芦浦観音寺は、応永年間（一三九四～一四二八）に天台寺院として中興し、その後、織田信長や豊臣秀吉、徳川家康に重用され、天正年間（一五七三～一五九二）から江戸時代初期まで琵琶湖の水上交通を管掌する船奉行を務めていました。さらに、江戸時代初期には湖南方面の天領代官として近江支配の実務官僚的な地位にありました。この絵図に描かれた境内の様子から、行政的機能を有した観音寺の個性をうかがうことができます。

現在の芦浦観音寺は、ひっそりとした佇《たたず》まいを見せていますが、その中にも古代寺院の存在をうかがわせる礎石や、中近世の最盛期の威容を今に伝える石垣などの景観が残されています。

アクセス ＪＲ琵琶湖線草津駅西口からバス芦浦下車、徒歩約五分。拝観は事前の予約必要。

（伊藤　愛）

第三節　家康と琵琶湖

一、大津籠城戦

慶長五年（一六〇〇）、大津城は天下分け目の関ヶ原合戦の前日に落城し、歴史からその姿を消してしまいます。では、大津籠城《ろうじょう》戦についてみることにしましょう。

当時の大津城主は京極高次。秀吉恩顧の大名でしたが、家康とも親交は深かったのです。また、高次の妻である「初」は、秀吉の側室「茶々」の妹、秀忠の妻「江」の姉でした。つまり、どちらについてもおかしくない立場といえます。まずは石田三成の要請に従い、加賀の前田討伐に向かったものの、その途上、大津城に取って返し、東軍に与《くみ》することにしたのです。

高次の行動は、「大津ノ義ニ世上騒シ」「前代未聞ノ儀驚キ入ルモノナリ」と公卿《くぎょう》らに記されたように、驚き、かつ騒然とするような前代未聞の寝返りであったのです。

九月四日、高次は城下である大津町を焼き払い、大津城に立て籠《こ》もりました。大津城に立て籠もった兵三千人余りに対し、西軍は毛利軍を主とする総勢一万五千人。援軍ありきの籠城でした。

九月八日、西軍は大津城の弱点を見出します。大津城を見下ろすことができる長等山から城内めがけて砲撃を繰り返したのです。それでも高次軍は、よくしのぎ、陥落には至りませんでした。九月十三日、西軍は堀の外堀を埋め、それを足掛かりに三の丸、さらには二の丸へと攻め込み、本丸を残すのみとなりました。そこで、援軍が来ず孤立してしまった高次は和睦《わぼく》に応じ、翌日開城。天下分け目の戦いが関ヶ原で行われた九月十五日の早朝に、高次らは兵を連れて城外へと退去したのでした。

この大津籠城戦によって、西軍一万五千人は事実上の足止めを食らってしまったことになります。これが、関ヶ原の合戦の趨勢《すうせい》に多少なりとも影響を与えたといえるでしょう。

ところで、長等山からの砲撃を受け、本丸以外の建物が大破した大津城はどのようになったのでしょうか。

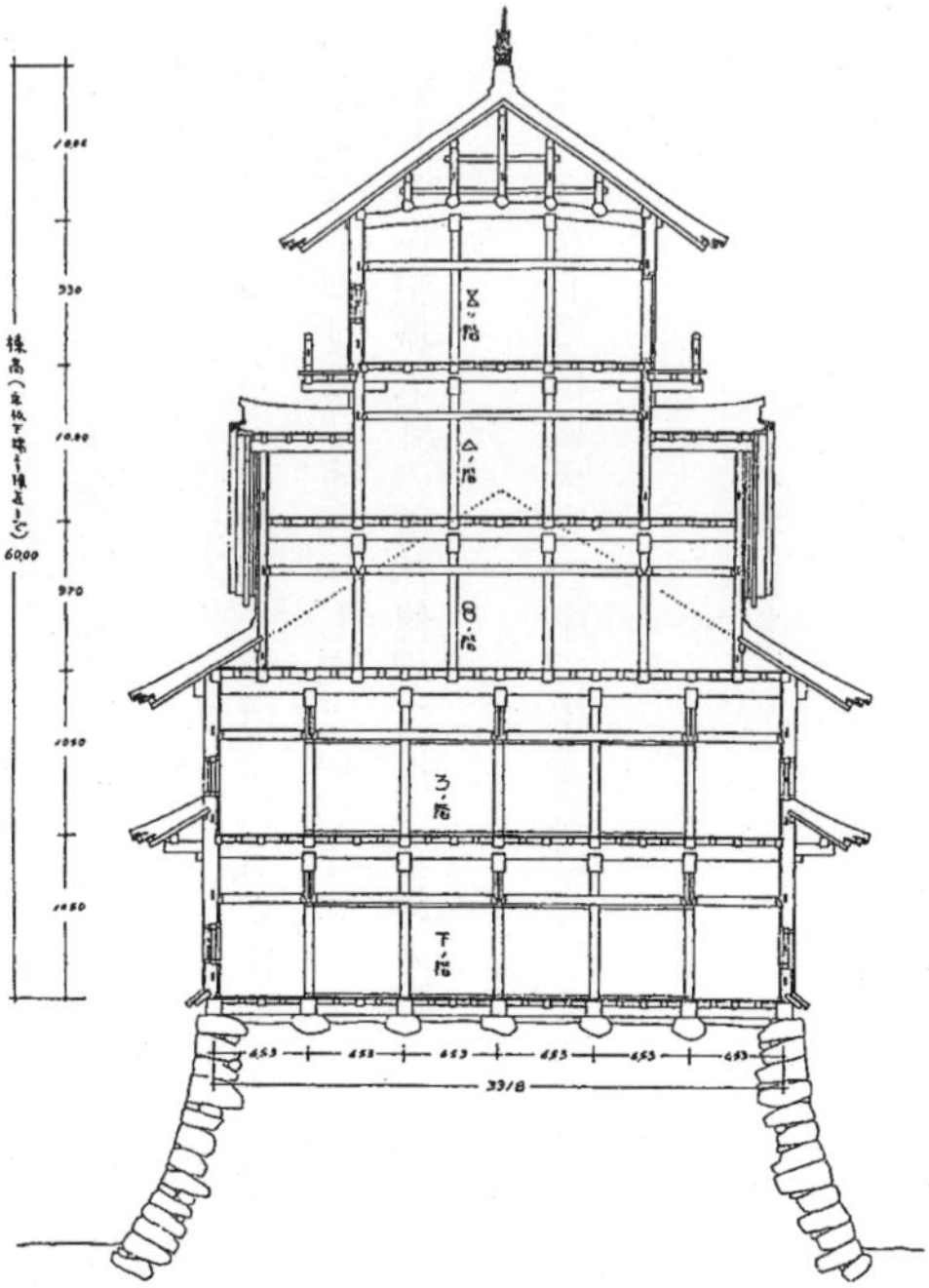

現在の彦根城天守の前身とされる大津城天守の推定復元図

至近距離から打ち下ろしの砲撃を受けやすい立地、つまり防御しにくい点があることから、翌慶長六年（一六〇一）に膳所へと移されることになりました。廃城後の本丸跡には代官所・幕府蔵が建てられ、商業都市として再生していくのでした。

なお、『井伊年譜』によると、大津城の天守は西軍からの総攻撃を受けたにもかかわらず落ちなかったことがめでたいとして、徳川家康が彦根城に移築するよう指示したといいます。

昭和三十二年から三十五年にかけて行われた彦根城天守の解体修理では、古材の形からかつての大津城の天守を復元することができました。

壮絶な籠城戦を生き抜いた大津城天守は、今なお彦根城天守の中で生き続けているのです。

二、膳所築城と歴代城主

膳所城は、日本三大湖城のひとつに数えられています。どのようにして築かれたのか、みてみましょう。

大津城は、大津港および大津百艘船の管理を大きな役割として担い、また、京と近江（東国）の喉元《のど》をおさえるために築城されました。しかし、関ヶ原前哨戦である大津籠城戦において至近距離の長等山から砲撃を受けたという軍事上の観点から、再興するのではなく他の場所に移すことを、徳川家康の側近である本多正信が進言したといいます。

　そこで候補に挙がったのが、大津よりも南に位置する瀬田城や窪江城（いずれも山岡氏の城）もしくは膳所の大明神社などであったといいます。

　これらの候補地から徳川政権が新たな城に求めたものが何であったのかがうかがわれます。これらは、琵琶湖から唯一流れ出す瀬田川に架けられた瀬田橋を取り囲むように位置しているのです。つまり、おさえるべき京と近江の喉元が、ここにあると考えたのでしょう。

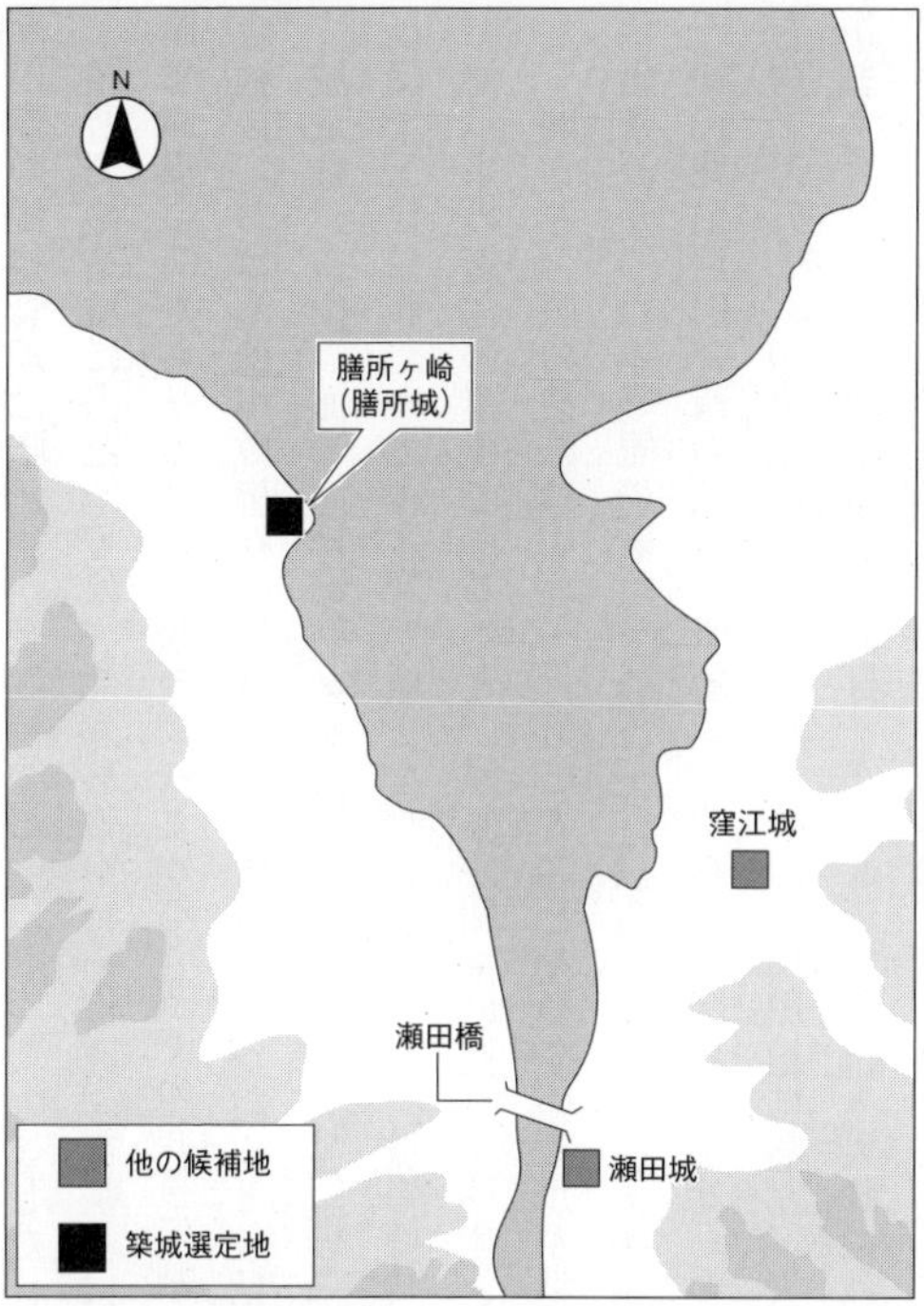

大津廃城後の新城候補地

　瀬田橋が幾多の戦乱の舞台となっていることからもうかがわれるように、ここは、大津宮—畿内（平城京）—平安京—京都などといった当時の中心地と、いわゆる東国とが対峙《たいじ》する際の最後の防衛線のひとつとなっていました。「唐橋を制するものは天下を制す」というイメージを具現化した築城であったのです。当然のことながら、瀬田橋の維持管理は膳所藩が受け持つことになっていました。

膳所での築城に当たっては、八人もの奉行を付け、縄張りには築城の名手とうたわれた近江出身の藤堂高虎にあたらせるという念の入れようで、多くの武将に割り普請（天下普請）されました。関ヶ原合戦後における徳川政権初の築城という側面があったことも見逃すことはできません。

城主は、戸田一西、同氏鉄、本多康俊、同俊次、菅沼定芳、石川忠総を経て再び本多俊次となり、以降十三代にわたって本多家が城主をつとめました。彼ら歴代城主にはいくつかの共通点があります。三河以来の譜代の家臣であること、家康が関東に拠点を移すとともに関東に所領を与えられていること、関ヶ原合戦の後には中部・近畿の大名となっている点が挙げられます。いまなお旧膳所藩領では、治世が長かった本多家の家紋（立葵）のはいった瓦を用いた建物を見ることができます。

初代城主戸田一西の頃の膳所藩領は明らかではありませんが、三代本多康俊の頃には約三万石のうち約二万五千石が栗太郡および滋賀郡の瀬田川周辺にあり、大半が全村膳所藩領であったことが分かります。つまり、瀬田川沿岸の村々がことごとく組み入れられていたのです。領地と城郭が緊密に結び付けられ、かつ、瀬田橋をめぐる軍事的な意味を持たされていたことがわかります。

残された絵図などをみると、本丸は二の丸のさらに琵琶湖に突き出たところに築かれ、二の丸とは廊下橋だけで繋がっており、まるで琵琶湖岸に浮かぶ島のようです。琵琶湖に張り出した四重四階の天守は、瀬田橋防衛の拠点という軍事的な側面を持ちつつも、さぞかし優美な姿を水面に映していたことでしょう。

（畑中英二）

探訪

膳所城

膳所城は、琵琶湖にかかる近江大橋の西側に位置しています。城下を南北に通る京阪電車石坂線では、膳所本町駅が最寄り駅となります。

膳所城は、本丸などが琵琶湖に突き出る水城と呼ばれる構造をし、湖面に浮かぶ美しい城でした。その姿は、「伊勢参宮名所図会」などの名所記にも紹介されており、四層の天守などが描かれています。堀は埋め立てられましたが、膳所公園として残る本丸はその面影を留めています。

明治三年（一八七〇）に廃城となった時の本丸は、築城当初の本丸と二の丸が合わさったものです。寛文二年（一六六二）に高島市を震源として発生した大地震は、各地に大きな被害をもたらし、膳所城も多くの被害を受けました。その時の修復により本丸などの構造は、大きく変更されることになったのです。

膳所城下町遺跡から出土した軒丸瓦。中央の文様は、本多家の家紋である立葵紋（滋賀県教育委員会提供）

なお、廃城にともなって、城下や草津市内の神社などに城門や櫓が移築されています。城下にある膳所神社、篠津神社、若宮八幡宮では、移築された城門を見ることができます。

一方、城下は城の西側に、東海道に沿って南北に長く形成されました。街道に面して町人町、その西側に武家町や社寺が広がっていました。

城下を通る東海道は、見通せないよう幾度も屈曲するように敷設され、城下への入口となる大津口と瀬田口には番所と門が設けられました。京都や大坂から江戸へ向かうこの場所で、街道を抑えようとしたことが

篠津神社表門（重要文化財）

うかがえます。東海道を軸とする当時の街路は、現在の街並みにも生き続けています。

膳所藩の初代藩主である戸田一西は、三河以来の譜代です。依然として軍事的脅威であった大坂に対し、信頼のおける家臣をこの地に置いたものとみられます。以降、十九代十八名の藩主が誕生しています。中でも本多家は、元和三年（一六一七）に入城した康俊以降最も多く藩主を務め、慶安四年（一六五一）に藩主となった俊次からは廃城時の康穣まで一三代にわたり世襲します。当家の家紋である立葵紋を持つ瓦は、移築された城門の屋根などに見られるほか、城下で行われた発掘調査でも出土しています。

このように東海道筋に設けられた膳所城は、江戸時代を通じて多くの人の目に触れた城であり、軍事的に重要な場所に設けられた城であったと言えます。

（中村智孝）

アクセス 京阪膳所本町駅から徒歩七分。またはＪＲ大津駅からバス膳所公園前下車すぐ。

第五章　近世の経済と琵琶湖

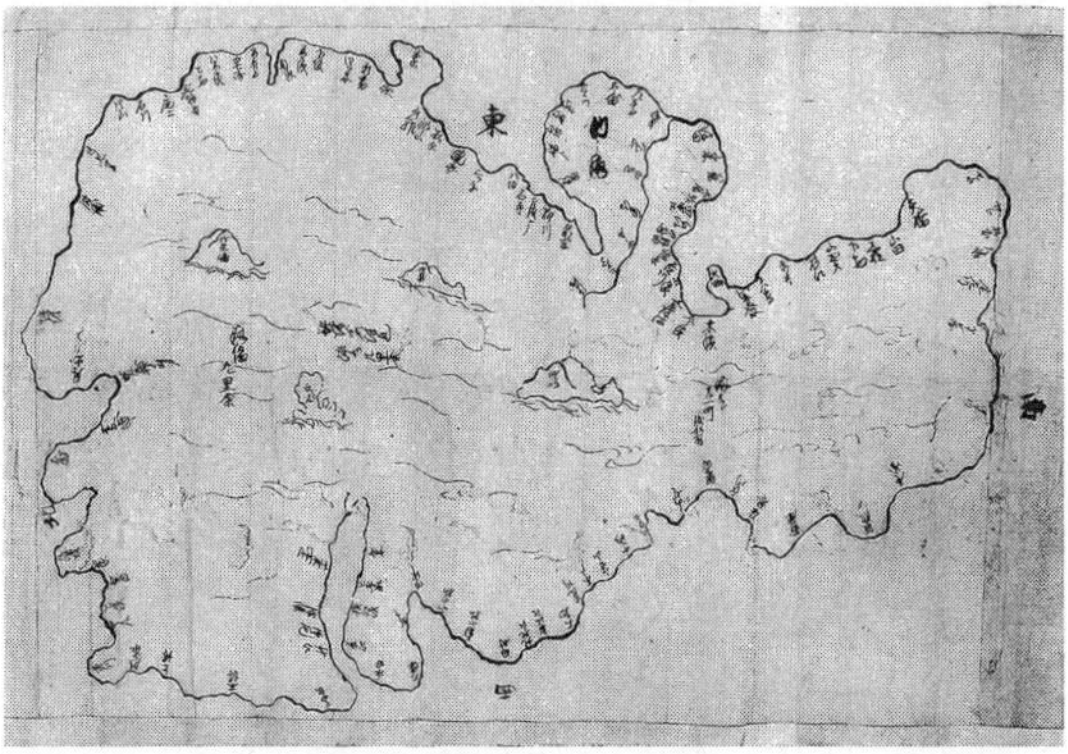

寛延４年（1751）の諸浦の位置を示した図。118ケ所の港が記入されている（神田神社所蔵、写真は大津市立大津市歴史博物館提供）

第一節　大津の繁栄とその背景

一、大津百町

慶長四年（一六〇〇）の大津籠城戦により、焼け野原と化した大津の町でしたが、約百年後の元禄年間には町数百、人口約一万九千人の大都市へと成長を遂げます。まさに「大津百町」と呼ばれるにふさわしい繁栄ぶりを呈していました。

当時の大津の豊かさは、祭りから知ることができます。寛永十二年（一六四五）に狸山（鍛冶屋町）、同十四年には三輪山（堅田町）や猩々山（南保町）、明暦二年（一六五六）に西王母山（丸屋町）、万治元年（一六五八）に宇治橋姫山（塩谷町）などなど、今に続く大津祭の曳山が続々と造られていきます。

大津百町の様子は、寛保二年（一七四二）に作成された『大津町古絵図』からも読み取れ、その繁栄を垣間見ることができます。この絵図には、町名などの記述に法則性があり、西と南を上にすると見やすいように描かれています。それでは絵図の記述から大津の町の復興と繁栄の背景についてみていきます。

まず西が上になる記述の理由としては、東海道と湖上水運の存在が挙げられます。関ヶ原合戦に勝利した徳川家康は、直ちに東海道と中山道を江戸と京を結ぶ主要街道とし、各地に宿場を設置するなど、交通の整備に着手しました。籠城戦によって荒廃した大津の町も、大津宿として東海道五十三次の宿場の一つとなります。大津城跡には代官所と幕府蔵が建てられ、本格的な復興の兆しが見え始めます。やがて東海道宿場の中でも最多の人口を誇ることになるのです。

また、大津は古くより琵琶湖の湖上水運の要の港町でもありました。奈良時代以降近世にかけて日本海ルートの終着点であり、東北、北陸、東山道諸国の物資が水揚げされるなど、国内の輸送において重要な役割を担ってきました。そして、豊臣秀吉が組織させた「大津

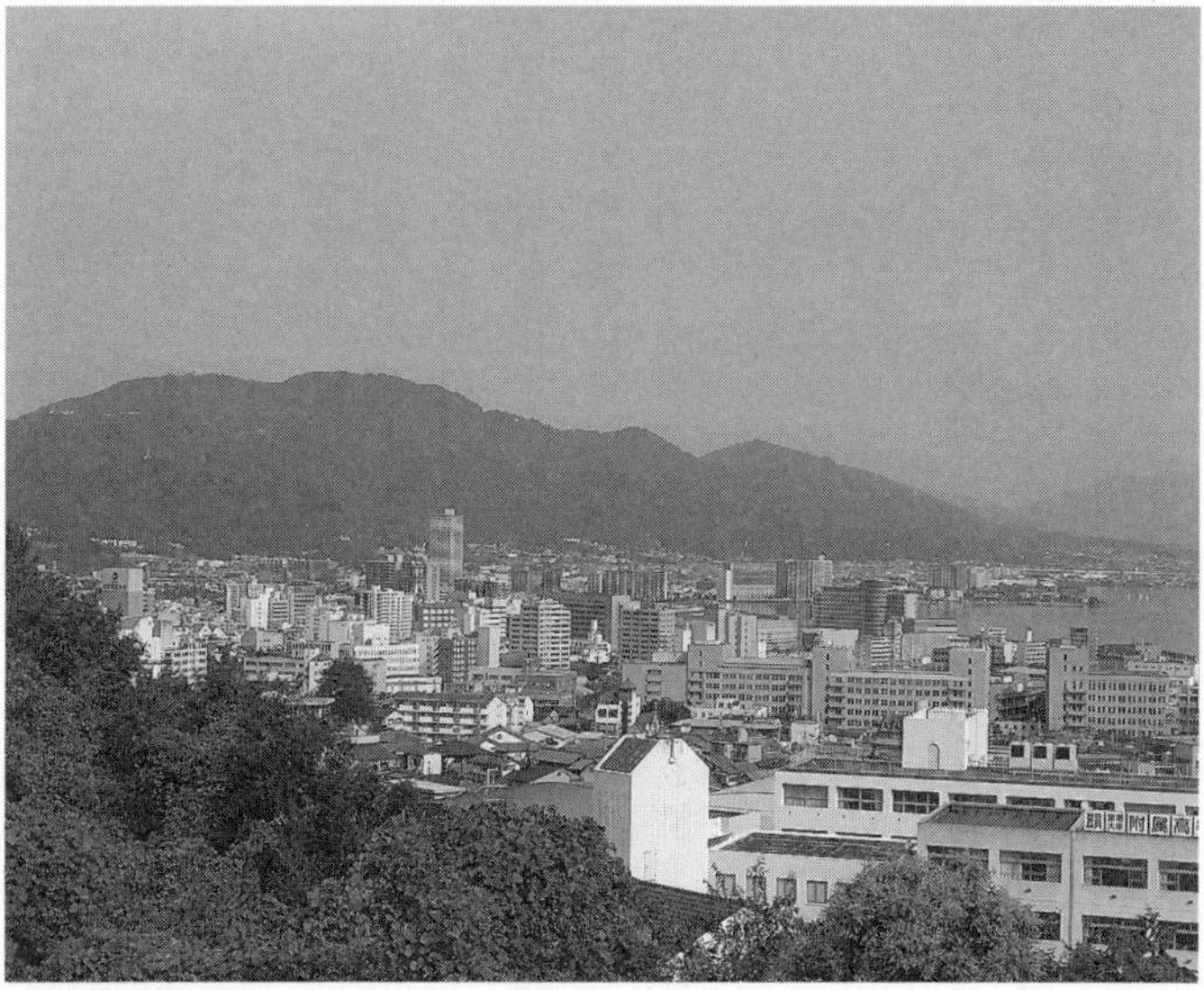

現在の大津市街地。かつては「大津百町」といわれ、港町や宿場町として活気にあふれていた

百艘船」により琵琶湖の水運はさらに発展し、これまで以上に多量の物資が大津に陸揚げされるようになりました。

このような歴史的事実からみると、西を上にした記述方法は、大津の港で陸揚げした物資を、東海道を経て京都へ運ぶ物流の方向を示しているといえます。

次に南が上になる記述の理由としては、名所の一つである長等山三井寺（園城寺）の存在が挙げられます。大津は古い町ゆえに周辺に名所が多いのですが、三井寺の門前町であったことも栄えた理由のひとつです。三井寺が大津の町に及ぼす影響力は強く、そのことが絵図の記述に表れているのです。

夏の花火に巨大な噴水、古寺や名所を訪れる観光客、湖上を行き交う遊覧船、国道一号や名神高速道路を埋める多数の自動車…。現代社会の中で大津の旧中心街には「大津百町」の賑《にぎ》やかさは薄れましたが毎年十月に行われる大津祭で、当時の繁栄をしのぶことができます。

（重田　勉）

二、大津蔵屋敷

「天下の台所」とは、江戸時代の大坂を指した言葉です。この繁栄は江戸時代に全国の藩が年貢米や領内の特産物を販売するため、倉庫兼邸宅である蔵屋敷を設けたことによるものです。そもそも蔵屋敷は大坂、江戸、敦賀、大津、堺、長崎など、大規模商業都市に設けられたものでした。

江戸の蔵屋敷では旗本の蔵米の売却が行われることから、幕府の米価政策によって諸藩保有の年貢米の売却に対して制限がかけられることがあり、東日本の藩であっても大坂に蔵屋敷を持っていました。西廻り航路の開発も進展を支え、大坂は商都として繁栄し、こんにちの商人《あきんど》の町大阪に引き継がれています。

さて、蔵屋敷が設けられていたのは、すべて港町でした。大坂と堺は瀬戸内海、江戸は将軍のお膝《ひざ》元《もと》の港、敦賀は日本海、長崎は唯一海外に開かれた港でした。このように見てみると、内陸にある湖の港に蔵屋敷が設けられていたのは大津だけなのです。

豊臣政権下において、東国・北国の諸藩からの年貢米をはじめとする物資は、日本海沿岸の敦賀、小浜から塩津、海津、今津などといった琵琶湖北部の港へと運ばれ、琵琶湖上を大津へと回漕され、そこから大坂や伏見へと持ち込まれたのです。大津は単なる通過地点ではなく、東国・北国の物資、つまり、日本の約半分の物資が行き交う地であったのです。

当時の領主にとっては、いかに農民から年貢米を徴収するかもさることながら、徴収した年貢米をいかに有利に換金し、遅滞なく輸送するかが大問題だったことでしょう。そのために、東日本の領主にとっては、大津の蔵屋敷が極めて重要な役割を担っていたことがうかがわれます。

たとえば、加賀百万石の前田藩は元和二年（一六一六）に「御蔵米毎年大津へ三ケ一」する旨を命じています。つまり、当時の加賀領内の全生産高約百二十万石の約半分が藩のものとすると、そのうちの三分の一である約二十万石が大津へと持ち込まれていたことになるのです。

大津代官所に隣接して、御蔵（幕府蔵）二十棟が、大津城本丸跡地の琵琶湖岸に軒を連ねていたそう

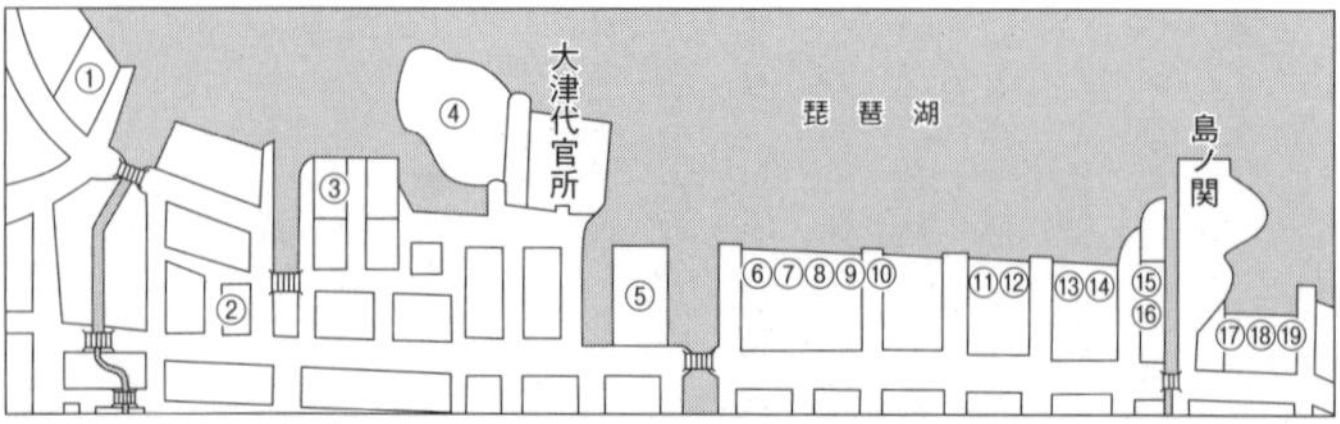

現在の大津市浜大津付近に建ち並んでいた江戸時代前期の蔵屋敷の配置図。番号は所有者で、①加賀藩　②甲斐府中藩　③近江小室藩　④幕府　⑤近江彦根藩　⑥上野厩橋藩　⑦近江大溝藩　⑧志摩鳥羽藩　⑨旗本　⑩旗本　⑪丹後峰山藩　⑫越後長岡藩　⑬陸奥弘前藩　⑭近江仁正寺藩　⑮旗本　⑯丹後宮津藩　⑰肥前唐津藩　⑱若狭小浜藩　⑲旗本（『図説大津の歴史』〈大津市歴史博物館市史編さん室〉より）

です。その他諸藩の蔵屋敷も琵琶湖に面して、十九カ所もあったといいます。

十七世紀前半、大津は大坂とともに西日本有数の米市場を形成し、中でも幕府の畑作年貢を決定する基準、つまり全国の米相場の指標ともなっていました。この時期、大津は「天下の台所」であったのです。

井原西鶴の『日本永代蔵』（一六八八）には興味深いことが記されています。「むかし、大津にて千貫文のさし引きを、世界になき事とさたせしに」とあるのです。「むかし」は銀千貫目（現在の二百万円程度）の「さし引き（借金）」という当時としては例のない巨額のやりとりが大津で行われていたというのです。

ただし、西鶴の生きた時代には京・大坂では三千五百貫目や四千貫目（現在の七百～八百万円）という借金で倒産するものが出てきたといいます。つまりは、かつて大津で行われていたような大金のやり取りは、今や京・大坂でも行われるようになったというのです。

なぜ、大津の繁栄にかげりが見えてきたのでしょうか。

三、琵琶湖水運に影響を及ぼした西廻り航路

みなさんは河村瑞賢《ずいけん》という人物と西廻り航路という言葉をご存知でしょうか。

瑞賢は江戸時代前期の商人で、海運、治水の功労者です。明暦三年（一六五七）の江戸大火にあたって、木曽の山林を買い占めることにより財を成しました。その後、幕府の命により、西廻り・東廻り航路の整備、淀川河口の治水事業、銀山の開発などを行いました。

瑞賢によって整備された西廻り航路とはどのようなものだったのでしょうか。

従来は、東日本の物資を大坂もしくは江戸に運ぶ場合、敦賀や小浜で陸揚げし、人力や馬力によって峠を越し、塩津や勝野といった琵琶湖北岸の港から湖上を大津へと運ばれ、再び陸揚げされた荷物は人力や馬力によって京都や大坂へと運ばれていました。

ただし、古代以来行われていた琵琶湖水運を用いての物資の大量輸送には大きな問題がありました。敦賀もしくは小浜、塩津もしくは勝野、大津にて荷物の積み替えを行う必要があることから、問屋への口銭《こうせん》（手数料）が必要でした。さらには、峠を越えることから、一度に大量の荷物が運べなかったのです。

そこで、幕府から瑞賢に大量の物資（米）を一気に運ぶための工夫が求められ、生み出されたのが西廻り航路だったのです。それは、敦賀や小浜で荷物を陸揚げせず、そのまま西へと船を進め、関門海峡から瀬戸内海を抜けて大坂へと向かうというものでした。

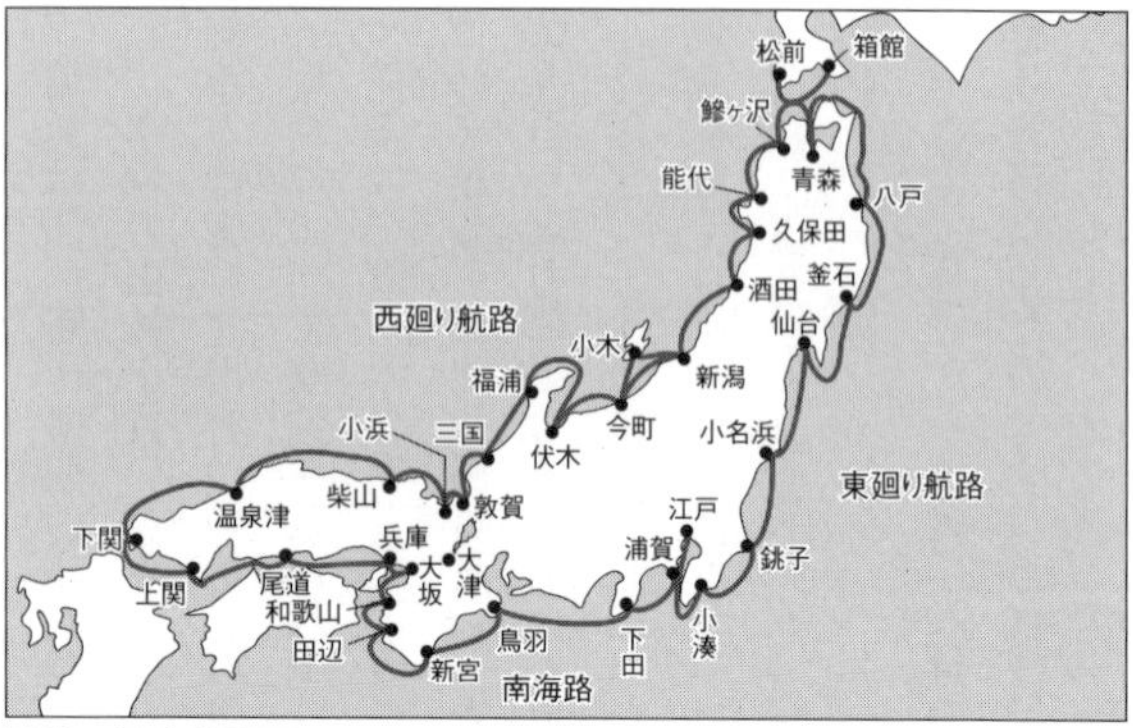

近世の沿海航路図

地図上でみてみると、すごい大回りをして、経費がかかってしまうように思えます。実際に試算したものがあるのでみてみましょう。

越後（現在の新潟県）から、米百石を西廻り海運で大坂までと敦賀経由で大津まで運んだ場合の経費を試算した当時の史料をみてみると、当然ですが運賃自体は大津までのほうが安いのです。しかし、数度にわたる積み替えに伴う損失や問屋の手数料などを合わせて計算すると、西廻り航路で大坂まで運んだほうが五百八十四匁（現在の約百万円）の得をしたというのです。

日本海沿岸の海運が大坂へと直結した西廻り航路の整備が、琵琶湖水運に与えた影響は計り知れないものがありました。

敦賀への大豆と米の入津量は、寛文年間（一六六一～一六七三）の五十六万俵をピークに、元禄年間（一六八八～一七〇四）にはその半分に、享保年間（一七一六～一七三六）にはその五分の一にまで激減しています。敦賀への入津量の減少は大津をはじめとする琵琶湖の港への入津量の減少を意味します。

寛文五年（一六六五）には百二艘、元禄六年（一六九三）には百七隻であった大津百艘船も、享保十年

（一七二五）には四十七隻、明和三年（一七六六）には三十九隻と激減しています。西廻り航路整備以前の繁栄は昔日の面影となってしまったのです。

ただ、琵琶湖周辺地域や丹後、若狭などからの物資は引き続き湖上水運を利用して大津に陸揚げされており、地域内での中核としての役割は担い続けました。

四、北海道へ渡った近江商人

寛文十二年（一六七二）、河村瑞賢によって拓《ひら》かれた西廻り航路が広く利用されることによって、日本海側の物資が敦賀、小浜で陸揚げする必要がなくなったことから、琵琶湖を経由する物資の量が激減し、琵琶湖水運は大打撃を受けました。

しかし、北海道の物産の多くは琵琶湖を経由して京・大坂へと持ち込まれました。その背景には近江商人がいたのです。

天正十六年（一五八八）、柳川（現在の彦根市）出身の田付新助と建部七郎右衛門が北海道に渡り、蔬菜《そさい》の種子を持参して

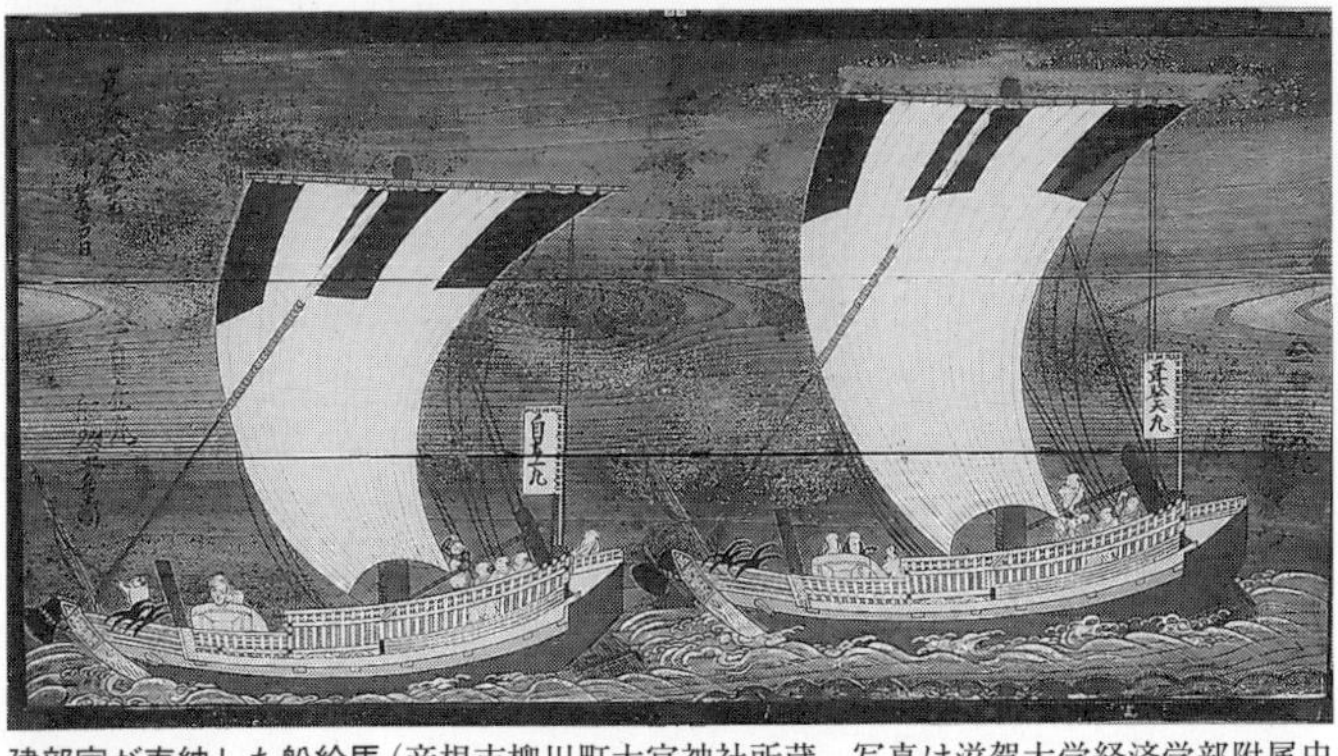

建部家が奉納した船絵馬（彦根市柳川町大宮神社所蔵、写真は滋賀大学経済学部附属史料館提供）

商売を始めました。彼らに続いて寛永年間（一六二四～一六四四）には近江八幡や柳川、薩摩（いずれも現在の彦根市）から、北海道の松前や江刺へと集中して渡ったようです。

松前の近江商人は、呉服や荒物など日常品を上方から仕入れ、松前の物資を上方に売るという商売を展開していました。米をはじめとして内地同様の物資を地元で得ることができない松前藩にとって、近江商人は得がたい存在でした。

また、松前藩の武士たちは、それぞれに与えられた海岸線ごとに漁場を設けて、そこでアイヌの人々が収穫したニシンやサケといった海産物を彼らの必需品と交換し、その差益を各自の収入としていました。従って良い漁場を開拓することが「高収入」につながるのですが、漁業経営にかかわることは武士たちにとっては困難な仕事であったことから、商人に権利を貸し与え、その賃料（運上金）を受け取ることによって生計を立てていたのです（場所請負制度）。

商人たちは漁場を運営し、ここで獲れた海産物を干物などに加工し、近江を経て京・大坂に送り、帰りの船で日用品や米、衣料などを北海道へ運んだのです。ちなみに京都の「にしん蕎麦《そば》」は明治時代に誕生したものですが、京都の庶民料理（おばんざい）である松前からもたらされたニシンの昆布巻きにヒントを得たものだそうです。

彼らは敦賀、小浜方面と松前を結ぶ「荷所船仲間」と密接に連携することによって松前藩に安定的に物資を供給しました。さらには松前の近江商人全体が「両浜組」という仲間組織を結成し、共同歩調をとることによって、より安定度を増したのでした。

数ある商人の中で最大の勢力であった「両浜組」は藩主のお目通りがかなったり、課税が減免されるなどの優遇措置を受け、松前の近江商人は繁栄を極めました。

ところが、好事魔多し、というのでしょうか。寛政四年（一七九二）ロシア使節ラクスマンの根室来航や、寛政八年（一七九六）のイギリス人プロートンの内浦湾探検などを機に、幕府は北海道の太平洋一帯を取り上げて直轄領として函館に奉行所を置きます。

このころから、松前藩と密接な関係にあった近江商人の繁栄にかげりが見え始めます。近江商人に代わって登場したのが司馬遼太郎の『菜の花の沖』でも有名な淡路出身の高田屋嘉兵衛らでした。

（畑中英二）

コラム

街道沿いの石造物

日本列島における東西交通の要所に位置する近江国は、江戸時代には江戸幕府が整備した五街道のうち東海道と中山道の主要街道をはじめ、北陸とを結ぶ北国街道が通り、参勤交代の大名行列や伊勢参詣など、多くの旅人が行き交っていました。現在でも県内各地に残された古い街並みや、街道沿いに建てられた石造の道標や常夜燈などから、往時をしのぶことができます。

江戸幕府の役人であった大田南畝《なんぽ》(別名「蜀山人」とも号します)は、文人として多くの文章や狂歌などを残していますが、大坂の銅座への勤務を命じられて、享和元年(一八〇一)に江戸から大坂へと東海道を旅します。そして、一年間の任期を終えた翌年には中山道経由で江戸へ戻りますが、この往復の道中記である『改元紀行』『壬戌《じんじゅつ》紀行』には、街道沿いのさまざまな風物が取り上げられています。特に、道端に建てられた道標などの石造物に興味を持ったようで、そこに刻まれている文字などを詳しく記録しています。

具体的にいくつかの事例を見てみますと、『改元紀行』に「左に逢坂常夜灯四ツばかりたてり」と記された常夜燈は、そのうちの二基を現在も大津市大谷町と同市逢坂付近の国道一号沿いで目にすることができます。

また、『壬戌紀行』には、武佐宿(近江八幡市武佐町)に関して「左に佐々木社へ十九町と云石表あり」という記述がありますが、この道標は昭和三十年代に、安土町の沙沙貴神社境内に移設されて保管されています。そこに刻まれた銘文から、佐々木一族である豪商三井家の三井高業が、安永八年(一七七九)に一族の氏神である沙沙貴神社への道を示すために建てた道標であることがわかります。

東海道の瀬田唐橋東詰に現存する寛政十二年(一八〇〇)に建てられた道標は、『壬戌紀行』に「右に田上山不動寺へ二里半といふ石表あり」と紹介されています。大田南畝は道標が示す行き先についてしか記していませんが、この道標は製作した石工の名前が刻まれている点で、とても珍しいものです。そこには「石工 京白川 太郎右衛門 田上□□治兵衛」(□は風化して読み取れない文字）と、二人の石工の居住地と名前が刻まれています。

江戸時代の石工は、石造物を作るのに適した花崗《かこう》岩などの産地周辺を居住地とする場合が多く、「治兵衛」が居住していた大津市田上地域は、木戸村や荒川村といった滋賀郡北部（旧志賀町）の村々などとともに、近江南部における石造物の代表的な生産地のひとつでした。

また、大津市石場は、石材の産地ではありませんが、享保十九年（一七三四）に膳所藩士寒川辰清《さむかわときよ》が上梓《じょうし》した地誌である『近江輿地《よち》志略』によれば、かつて石工が多く住み、浜辺に石が積み置かれていたことが地名の由来とされています。

実際、大津市内や琵琶湖を隔てた草津市内には、石場の石工の刻銘がある江戸時代の石灯籠《どうろう》などが現在も残されており、石材の産地から離れた都市在住型の石工として活躍していた様子がうかがわれます。

瀬田唐橋東詰に現存する寛政12（1800）年の道標。大田南畝が「右に田上山不動寺へ二里半といふ石表あり」と紹介している（大津市瀬田）

街道沿いや神社の境内など、身近なところに残された石造物に刻まれた文字からは、それらの建立にかかわった人々の思いや暮らしの一端を読み取ることができます。時には大田南畝のように足をとめて、道端の石造物などを通して歴史を体感してみてはいかがでしょうか。

（田井中洋介）

探訪

大津城跡と大津百町

京都と大津を結ぶ京阪電鉄の浜大津駅から大津港地下駐車場へ通じる歩道橋を降りた所に、「大津城跡」と記された石碑が設けられています。

大津籠城戦により廃城となった大津城の規模や構造については、縄張り図などが残っていないため実態はよくわかりませんが、戦前までに行われた大津城郭研究や「大津町」の絵図などの検討から城の規模をみますと、本丸は湖中（現在の浜大津港あたり）にあり、その周りに奥二の丸、二の丸、三の丸、伊予丸が三重の堀を巡らせて配置されていたと考えられています。

北は湖岸から南は古中町通と京町通の間（大津祭曳山展示館の南側に石垣が残されています）までの南北約六百メートル、西は外堀があった現琵琶湖疏水《そすい》の取水口あたりから、東は旧橋本町までの東西約七百メートルの範囲に広がっていたと考えられています。なお、西の中堀は、現在の川口公園として残されています。

大津城があったことを知らせる石碑。江戸時代初期に膳所に移築され、城の面影はない（大津市浜大津）

城下町については、慶長五年（一六〇〇）の大津籠城戦の際に城主であった京極高次が西軍の隠れる場所がなくなるように城下町を焼き払ったことから、残念なことに詳しいことはわかっていません。

城が膳所に移されると、大津の町は再開発され、城下町から、東海道最後の宿場町、港町、園城寺の門前町へと性格を変えました。当時の町並みや町名については、寛保二年（一七四二）に描かれた「大津町古絵図」（大津市指定文化財）から垣間見ることができます。

東海道と北国街道の分岐点には、幕府の法令が掲げられた高札場が設けられ、現在も「札の辻」として名が残っています。札の辻から逢坂峠に向かう八町筋の両側には本陣や旅籠《はたご》も置かれ、宿場町の中心として栄えました。

また、城を巡《めぐ》っていた堀は一部が埋め残され、船入りとして利用されました。その数は十四カ所にのぼり、たとえば、西側の外堀の一部は今堀関、東側は大橋関（風呂屋関）などが荷揚げ場として機能しました。京阪石坂線の駅名にもなっている「石場」や「島の関」は対岸の矢橋への旅人の渡し船の発着場としても賑わいました。

大津城は、坂本城や膳所城のようにあまり知られていませんし、まだまだわからないことが多い城ですが、城が築かれた背景やその町並みに思いを巡らせながら大津を訪れてみてはいかがでしょうか。

（吉田秀則）

アクセス 京阪電車浜大津駅下車すぐ

第二節　彦根の水運

一、佐和山城

「三成に過ぎたるもの二つあり、島の左近と佐和山の城」と後世になって形容される佐和山城は、慶長五年（一六〇〇）天下分け目の関ヶ原合戦で西軍を率いた石田三成の居城として、全国的に有名です。三成にとって佐和山城が、どのように「過ぎたる」城であったのでしょうか。そこで、佐和山城についてみることにします。

彦根市佐和山町に位置する佐和山城は、山裾《すそ》からの比高差約百三十メートルの佐和山山頂にある山城です。下街道と中世東海道（後の中山道）に近接し、大手は写真にみられるように現在の鳥居本側にあります。築城時期は鎌倉時代初期といわれ、湖東と湖北の境目に位置することから、戦国時代以降、当初は六角氏と京極氏が、その後六角氏と浅井氏がこの地域をめぐって争奪戦を繰り広げたことが知られています。元亀二年（一五七一）以降は、織田政権と豊臣政権における拠点としての役割を担いました。天正十九年（一五九一）、三成は代官として佐和山城に入り、文禄四年（一五九五）には城持ち大名と

佐和山城の大手門が建っていた場所から望む佐和山。山頂には本丸があった（彦根市）

なりました。しかし、慶長五年（一六〇〇）関ヶ原合戦において、三成が徳川家康率いる東軍に大敗を喫すると、佐和山城は攻められ、落城しました。

その後、徳川四天王の一人で佐和山城攻めに功績があった井伊直政が入城しましたが、慶長八年（一六〇三）から始まった彦根築城に伴い、廃城となりました。

佐和山城の構造について簡単にみてみましょう。佐和山城は、山頂の本丸を中心に各尾根上に法華丸、太鼓丸、二の丸、三の丸、西の丸、煙硝《えんしょう》櫓《やぐら》を配し、土塁や尾根を断ち切るための堀切が各所に設けられています。

佐和山城の石垣は、彦根築城の際に、ほとんどの石材を再利用したため、わずかに本丸、二の丸、太鼓丸の一部にしか残っていません。また、本丸周辺、二の丸、西の丸などは土造りの構造を基本としています。おそらく、石垣造りは本丸近辺に限られていたのでしょう。

太鼓丸で瓦が確認されていますので、瓦葺の櫓や礎石建物があったといえます。また、古文書には天守があったことが記されています。

意外に思われるかもしれませんが、このように佐和山城は瓦・天守・礎石建物を備えてはいたものの、近世以前の城に一般的にみられる土造りの戦国期の城郭をベースとして、主要部分にのみ石垣を設ける構造でした。同時期の豊臣系大名の城は総石垣の構造が主流なので、それと比べると最先端の城郭ではなかったといえるでしょう。

なぜ、このように当時としては古い要素が残っている城が、「三成に過ぎたる城」と後世に謳《うた》われたのでしょうか。城の構造ではなく、立地条件がよかったのかもしれませんし、いまだ明らかにされていない謎が隠されているのかもしれません。

中世と近世のはざまにおける城の構造の変換期の様子を示す希少な事例として、大変貴重な存在といえるでしょう。

（金松　誠）

二、彦根城

では次に佐和山城廃城のきっかけとなった彦根城について取り上げたいと思います。

琵琶湖に面した彦根市金亀町に位置する彦根城は、山裾《すそ》からの比高差約五十メートルの彦根山（金《こん》

佐和山城の廃城とともに築城された彦根城。琵琶湖や松原内湖に面していたことが立地選定の最大の決め手になったと考えられる（彦根市）

亀《き》山＝標高百三十八メートル）を中心に築かれた近世城郭です。安土城や姫路城など中・近世城郭では九例しかない国の特別史跡に指定され、また、近世城郭のシンボルともいえる天守が現存し、国宝四城の一つでもあります。

そのほかにも江戸時代の建造物が数多く現存するなど、全国的にみても希少価値の高い城といえます。そこで、彦根城とはどのような城であったのか、その歴史的背景から迫りたいと思います。

彦根城と城下町が形成され始めたのは、慶長八年（一六〇三）とされています。それ以前の彦根の景観を知る手がかりは少ないのですが、幸いにも「彦根古図」がそのあらましを伝えてくれます。ここでは、彦根城の原型を起点にして、その歴史をお話ししましょう。

「彦根古図」に描かれているのは、戦国時代末期ごろの風景だといわれています。これをみると、彦根城のある小山は、「彦根山」「彦根寺」として描かれています。その北には松原内湖が広がり、現在、彦

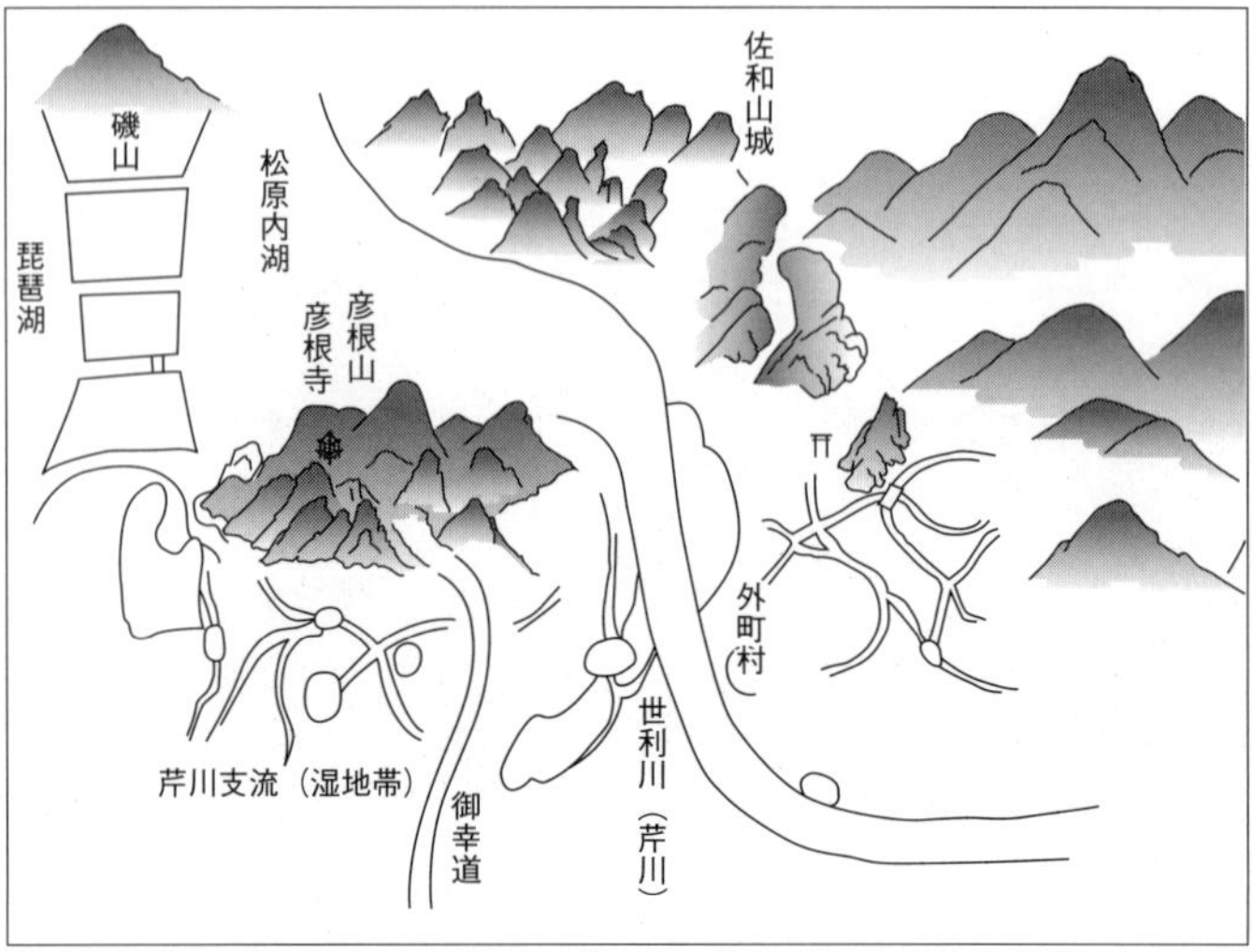

「彦根古図」の概略

根市街地の南側を流れる世利《せり》川（いまの芹川）が、かつては彦根山の東側で北に大きく流れを変えていたこと、彦根山の周りには世利川の支流がいくつも流れ込み、沼沢地が多かったことが読み取れます。

その彦根寺は、平安時代から観音の霊場として知られており、天皇や上皇の参拝記録もあります。彦根城と城下町は、由緒ある霊場をほかに移し、山の土を削り、麓の沼沢地を大規模に埋め立てて構築されたのです。内湖と沼沢地の中に浮かぶ霊験あらたかな山と寺院。彦根城の原型は、このような宗教的な景観でした。なお、彦根寺に伴う考古学的な証拠は未発見ですが、今後の調査による新知見が期待されます。

この景観は、彦根藩と徳川幕府により、天下の名城へと変貌《へんぼう》しましたが、成り行き次第では、霊場として残っていたかもしれません。成り行きを決めたのは一つの「鉄砲玉」でした。

彦根藩初代藩主井伊直政《いいなおまさ》は、関ヶ原の合戦後、石田三成の居城だった佐和山《さわやま》城にまず入城しますが、その治世を敷くに当たり、新たな築城計画を立てます。

その候補地は、佐和山城の西、琵琶湖に面した磯山《いそやま》（米原市）でした。しかし、直政は、関ヶ原の戦いで島津軍から受けた「鉄砲玉」の傷が癒えず、合戦の二年後に他界してしまいます。

跡を継いだ嫡子、直継は、候補地として新たに三つの案を設け、慶長八年、幕府に伺いをたてました。第一案は佐和山、第二案は磯山、第三案が彦根山です。ここに初めて彦根山が候補にあがっています。直継はこの第三案を最も強く希望していたようで、その願いが幕府に届き、彦根山での築城が許されました。

興味深いのは、いずれの候補地も松原内湖に面していた点で共通していることです。松原内湖は砂州に設けられた三つの水路によって、琵琶湖に通じていましたから、彼らは琵琶湖を介した「水運」に執着しながら新城の候補地を模索していたといってよいでしょう。彦根藩の黎明《れいめい》期を支えた先人もまた、琵琶湖の持つ経済的、軍事的な重要性を強く認識していたのです。

彦根築城の工事は、彦根藩のみならず、幕府から手厚い援助と三人の奉行の派遣を受け、近江近隣の「七国一二大名」の支援も受けながら進められました。完成は元和八年（一六二二）、実に約二十年の大工事でした。

このようにして造られた彦根城には、琵琶湖と大きく関係する役割がありました。どのような役割だったのでしょうか。

彦根藩領の船は、船奉行観音寺ではなく、彦根藩に管理されており、非常事態の軍事動員に備えられていました。たとえば、三代将軍家光が上洛した折には、陸路で膳所に向かう家光を見送った後、井伊直孝は彦根城から早船を飛ばして膳所に先回りし、再び出迎えたという逸話があります。彦根藩の軍事力（中でも水運輸送力）を誇示するものでした。

彦根城は、徳川方の最西端に位置しています。この城に信頼厚い井伊家を城主に任じていることから、幕府による西国の押さえのための橋頭堡《きょうとうほ》として彦根城は重要な役割を担っていたといえるでしょう。現在、彦根城は世界遺産の暫定リストに登録されています。彦根市は、城下町や佐和山城などとの歴史的景観を含めた世界遺産への登録に向けて、市をあげて取り組んでおられます。この成果が実ることを強く期待したいと思います。

（瀬口眞司・金松　誠）

三、彦根三湊

彦根と大津の間は、直線距離で約五十キロ離れています。歩いて荷物を運ぶとなると、一日では辿《たど》り着けませんし、荷物もあまり多くは運べません。しかし、江戸時代でも、琵琶湖を帆船で渡れば、風向き次第では一日で行けたといいます。ここでは、彦根の港についてみてみましょう。

慶長八年（一六〇三）にはじまる彦根築城にあたり、貢米や物資を大津蔵屋敷に運ぶため、彦根藩は

かつては松原湊と呼ばれた彦根港。長浜湊、米原湊とともに彦根藩が管理した「彦根三湊」のひとつ。軍事目的の早船がスタンバイしていた（彦根市）

松原・米原・長浜の彦根三湊を整備します。

松原湊は城下北部に隣接し、東は松原内湖につながっていました。米原湊はJR米原駅付近にあり、入江内湖を通じて琵琶湖につながっていました。長浜湊は長浜城築城の際に築港されています。

秀吉以来の保護のもと、繁栄をみた大津湊と大津百艘船に対し、その特権を崩そうと寛永八（一六三一）年から彦根藩が相論《そうろん》（訴訟）をはじめます。当初は、大津蔵屋敷に住む問屋、佐和山多屋と大津の商人荷物の取り扱いを巡る問題でした。裁定はいずれも大津百艘船の特権を追認しましたが、扱う荷物が減少していく中、この裁定はむしろ両者の対立を激しくします。

正徳年間（一七一一～一七一六）には大津百艘船が一方的に船賃を値上げし、再び相論へ発展しました。多屋は彦根三湊の船持仲間なども味方にして争い、彦根藩も政策的に関与し始めます。三湊を御用湊として位置付け、大津百艘船の特権を崩し、藩経済の安定化を図ろうとしたのです。結果、大津の特権は崩せませんでしたが、調停では三湊帰り船は百艘船と相対（相談）の上で、許可料を出せば船積みできることになりました。

享保年間（一七一六～一七三六）には、大津百艘船と彦根三湊船の相対による荷物の積み分けで、徐々に彦根三湊の割合が減少したことから、新たな相論が始まります。この相論は京都町奉行の裁許が下されたものの、この裁許に対する双方の解釈が違ったことから、負傷者が出るほどの騒動になりました。

あらためて出された裁許は彦根藩側の敗訴とも言うべき内容だったため、事態を重く見た彦根藩は藩主直惟から直接幕府へ働きかけました。彦根藩は、大津蔵屋敷は治外法権が認められていること、三湊は非常時の軍事動員の役割をもともと担わされていて保護する必要があること、という藩の成立に絡む由緒二点を主張したのです。

この結果、大津百艘船のこれまでの特権の一部が否定され、彦根三湊はその後北国、東国から京都、大坂への物資輸送を確保し、江戸時代後期に全盛期を迎えることとなりました。

また、彦根藩は安政元（一八五四）年に京都守護の任務についたため、再び軍事動員の要として位置づけられることになりました。三湊の船は、「西国の押さえ」から、「京都守護のための備え」となったのです。

（小島孝修）

コラム

琵琶湖と淀川水運

日本の河川は、総じて延長が短く勾配《こうばい》が急なため、降雨の流出が早く、増水しやすい傾向があります。また、日本の降雨量は世界平均の二倍近く、しかも降雨は梅雨や台風のシーズンに集中します。つまり、日本の河川は水位の変動が著しく、水運にはあまり適していないようです。

そこで、聞きなれない言葉ですが「河状係数」というものから河川の水運についてみていくことにしましょう。

河状係数とは、河川の流量が最大になるときと最小になるときとの比率を示す数値で、係数が低いほど年間を通しての水量が一定であり、安定していることを示します。つまり、河川での水運にあたっては、河状係数が低いことが求められることになるのです。

たとえば、ライン川についてみてみると、ドイツのケルンでは十六、スイスのバーゼルでは十八です。イギリスのロンドン郊外テディントンで測定されたテムズ川の係数は八、フランスのパリで測定されたセーヌ川の係数は三十四、エジプトのカイロで測定されたナイル川の係数は八です。いずれの河も満々と水をたたえ、静かに流れています。

では、日本の河川の河状係数を見てみましょう。

和歌山県橋本の紀ノ川は三千七百四十、埼玉県栗橋の利根川は四百八十四、新潟県小千谷の信濃川は百三十、日本でもっとも係数が低いのが大阪府枚方の淀川で百五なのです。日本の河川がいかに流量の変化が著しいかがわかります。

さらには、先にあげた海外の河川にはほとんど見られませんが、日本の河川には氾濫原《はんらんげん》としての河川敷があり、船が着岸するのに適していません。これらのことから、全般的に河川を用いた水運には必ずしもよい条件ではないことがわかります。

とはいえ、「くらわんか船」で有名な淀川は古くから日本の中でももっとも河川交通に適した河川として水運が盛んであり、大きな役割を果たしていました。

平安京の外港として西日本の物資が陸揚げされたのが淀川の淀と山崎でした。ここでは都や国家の経済に直結する米の取引が行われていました。また、十三世紀ごろになると、淀には塩や魚介のみを取り扱う卸売市場ができ、淀川をさかのぼる商船を強制的に着岸させていたようです。

淀川水運は物資のみならず、人々も運びました。熊野や高野山への参詣にあたっては、淀や山崎から船で淀川を下って海へ出て、岸伝いに南下したのです。

このように人や物の往来の多かった淀川には、豊臣秀吉によって撤廃されるまで数多くの関所がありました。十五世紀末には河口までの延長約五十キロの間に、なんと四百カ所もの関所があったというのです。もちろん、すべての船がすべての関所に立ち寄ったのではなく、積み荷ごとに立ち寄るべき関所が決められていたのだろうと考えられています。

日本で最も水量が安定している淀川ですが、やはり水位の季節変動が大きかったことから、浅瀬を掘って水路を設ける▽葦を束ねたり、小さな木を積んで堰《せき》を作る▽水路に標識を立てる—といった工夫をしていたようです。

平安京、京都にとって東日本からの物資を受ける港が大津であったのに対し、西日本からの物資を受ける港は日本でもっとも河川交通に適した淀川水系の淀、山崎でした。そして、淀川の水位が比較的安定しているのは、琵琶湖から瀬田川、宇治川を通じて水量が安定的に供給されているからにほかなりません。

（畑中英二）

中世の淀川

探訪

筑摩神社と朝妻湊

琵琶湖東岸の湖周道路を北上し、彦根市から米原市に入ってしばらく車を走らせると、隣り合う朝妻《あさづま》、筑《ちく》摩《ま》の集落にさしかかります。このあたりは琵琶湖の幅がもっとも広く、対岸の高島市まで直線距離にして約十七キロあります。ここから対岸まではっきりと見渡せる日は、一年の間にそう多くはありません。

筑摩の集落のはずれに鎮座する筑摩神社では「御食《みけ》津大神《つのおおかみ》」など食物を司《つかさ》どる神様をまつっており、毎年五月三日に行われる鍋冠《なべかんむり》祭は、少女が鍋をかぶって行列する変わった祭りとして知られています。

食との関連が深そうですが、実は奈良時代には大膳《だいぜん》職御厨《しきみくりや》（朝廷の食材を調達した役所）である「筑摩御厨」が置かれた地とされています。琵琶湖特産の塩漬けの鮒《ふな》やふなずし、鮒でつくった醤油《しょうゆ》などが朝廷に貢納されました。

発掘調査によれば、御厨の建物跡などの明確な遺構は発見されていませんが、一帯からは須恵器の壺や土師器《はじき》の杯、さらに平安時代の墨書土器や緑釉陶器《りょくゆうとうき》なども出土しており、一般集落とは異なる役所的要素の強い遺跡であったことがわかっています。

一方、筑摩の北側の朝妻の地には、かつて栄えた朝妻湊がありました。朝妻湊は、古代から近世にかけて水上交通の要港としてにぎわいを見せていました。

現在は一帯が公園化され、「朝妻湊址」の石碑を残すのみとなっていますが、往事は人や物資の運搬を担う良港として発展していました。

古文書に朝妻の地名が登場するのは、永延二年（九八八）に記された「尾張国郡司百姓等解」の第二十三条で、『…京都朝妻両所令運送雑物事』とあります。

この文書は、当時の尾張国司、藤原元命《もとなか》が、尾張から朝妻湊を経て京の都へ物資を運搬させたことに対して、「国の定めに反し寒い時も休み無しで長時間働かせている。とくに馬は重い荷により蹄《ひづめ》を傷めたり、鞍《くら》を乗せた背が傷ついている。また、人足は不当に安い賃金で過酷な労働を強いられている」との訴えを寄せた内容でした。

当時、東海地方から人や馬を使って物資を京都へ運

朝妻湊があったとされる湖岸に設置された石碑（米原市）

ぶ際、陸路においては関ヶ原を越える必要がありました。古文書にみられるように、こうした運送手段は相当な労力を消耗したと思われます。

この時期に繁栄を極めた朝妻湊は、その後この地を治めた新庄氏（新庄直昌）により朝妻城が築かれ、港を守護する役割を果たしています。しかし、安土桃山時代から江戸時代にかけて長浜港や米原港が相次いで開かれたことにより、朝妻の港は徐々に衰退していったようです。

なお、考古学的に朝妻湊は見つかっていません。しかし、古代から中世にかけての筑摩、朝妻には各地から食材が集まり、天皇の食卓を彩る役割を果たしていたことがうかがえます。最近の発掘成果で官営の〝物流ターミナル〟だったことが明らかになってきた彦根市の六反田遺跡と性格が似ており、関係が注目されています。

（中川正人）

アクセス 北陸道米原ＩＣから車で約十分で筑摩神社。

第六章

琵琶湖へのまなざし

昭和初年頃の草津穴村港。大津と穴村を結ぶ航路で「穴村のもんや」へ行く客で賑わった（琵琶湖汽船株式会社提供）

第一節　琵琶湖の船

一、丸子船の構造と特徴

これまでに何度も話に出てきたように、琵琶湖は国内の重要な輸送路となっていました。そこで活躍したのが大型木造帆船の「丸子船」です。琵琶湖北端の塩津から南端の大津まで、一昼夜から二日で航行する船脚《ふなあし》を持ち、あらゆる物資を輸送していました。外洋の船とは異なる琵琶湖独特の丸子船とは、どのようなものだったのでしょうか。

最大の特徴はなんといってもオモギ(重木)と呼ばれる船の側面に取り付けられた杉の巨木にあります。大きな木を半裁し丸みを残したままの材を舷側板《げんそく》として使っているのです。このオモギは積み荷による傾きを軽減するとか、浮力を増すとか言われますが、本当のところ、その効用はよくわかりません。

船の先端部の面《つら》にはバンパーの役目をはたすため大きな釘が何本も打ちつけられています。この鉄で固められた先端を見ると、かつて湖上輸送の利権をめぐって小競り合いが何度も繰り返された歴史

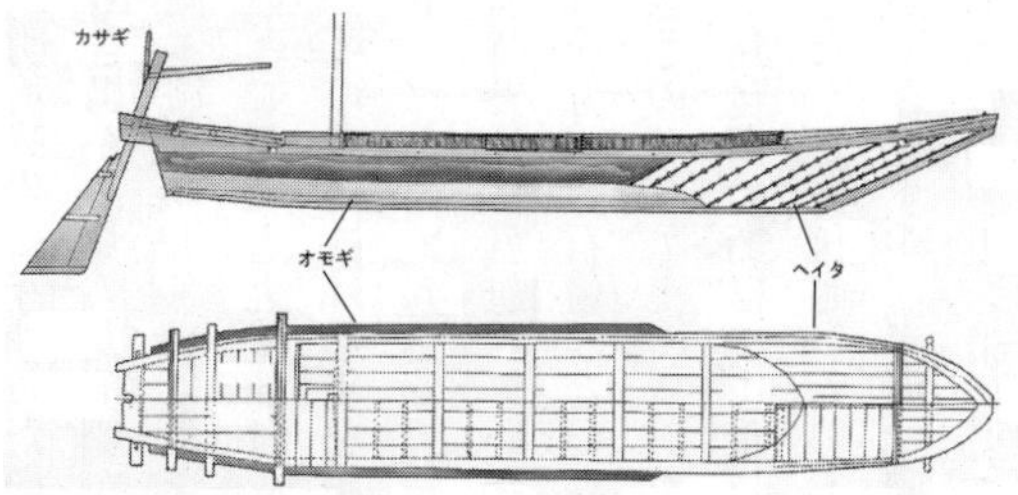

丸子船の構造

が思い起こされます。オモギは他船に側面から衝突されても耐えられるための構造であって、その攻撃的な一面を残したなごりなのかもしれません。

船体のカーブに沿って太いオモギを無理矢理曲げて取り付けることにより、さらに強度の向上を図るのですが、板ほど曲げることはできません。このことが丸子船の特徴のもう一つ、細長く直線的な平面形となって表れています。

どうしても曲げなければならない船首部分は舳板《へいた》を何枚も斜めに立上げ、桶《おけ》のように継ぎ合わせて作り出します。この構造はヒラタブネと呼ばれた小型船にも見られ、これもまた琵琶湖の船の特徴です。

ただこれは、大波を縦に受けて船首が持ち上げられたり、水面に叩《たた》きつけられたりしたときの耐久力を考えると、どうしても弱点となる構造です。外洋ほどの大波とならない琵琶湖ならではの構造として受け継がれてきたのでしょう。

もう一つ、琵琶湖で必要な構造があります。水深の浅い所を航行することができる性能です。やや丸みを持っていますが、平底に近い船底の形状が、それを表しています。

船尾に取り付けられた鳥居のような笠木《かさき》は、水深の浅い時には舵を持ち上げ、帆柱を倒すときには受け台としての役割をしていたのです。

明治時代に写された彦根市の旧松原内湖の写真があります。佐和山山麓《さんろく》の大洞弁財天の湖畔には船着き場があり、丸子船が停泊しています。現在は干拓されていることからもわかるように内湖は琵琶湖本湖よりもさらに水深が浅く、停泊場所は膝《ひざ》上ほどの水深であったと考えられます。そのような浅いところでも丸子船は入っていくことができたのです。

江戸時代には千隻を超える丸子船が就航していました。百石積みのものが最も多く、これは十トントラック一・五台分の積載量となります。大きなものでは五百石積みの大型船もありました。これは当時外洋に就航していた船に匹敵する大きさです。

一方、六石積みといった小型船もあります。丸子船は基本的に同じ構造でありながら、百倍近い大きさのバリエーションを作り出すことができたのです。

琵琶湖の船は「中世以来と思われる伝統的技術から抜け出せなかった」とか「閉鎖的な技術に終始した」と評価されたりします。なるほど丸子船の造船技術には保守的なところを数多く見いだすことができますが、半面、同じ造船技術でありながらも需要に応じた大きさの造船が可能で、琵琶湖ならではの船舶史を築いてきたのです。

現役の丸子船はすでに無くなってしまいましたが、西浅井町大浦の丸子船資料館や草津市の琵琶湖博物館でその雄姿を見ることができます。丸子船は中世末には登場していたのですが、それ以前の琵琶湖の船はどうだったのでしょうか。

二、縄文時代の丸木舟から準構造船へ

栗東市の新開４号墳から出土した準構造船を模した船形埴輪（栗東市立栗東歴史民俗博物館所蔵）

琵琶湖の船の歴史は、縄文時代の丸木舟から始まります。彦根市の松原内湖遺跡や米原市の入江内湖遺跡から、それぞれ十隻以上が出土しています。丸木舟は、丸木を削り出して作りますから、その大きさには限界があります。そこで弥生時代に登場してくるのが「準構造船」です。丸木舟を土台に、舷側板を継ぎ足して大型化を可能とした船です。

栗東市の新開四号墳（五世紀中ごろ）から、準構造船を模した埴輪《はにわ》が出土しています。船べりにオールの支点となるピボットが何本も並んでおり、この船が大型船だということがわかります。琵琶湖の輸送の利権を握った豪族の存在を示す資料です。

船底には丸木舟が使われています。舷側版は二段重ねにして広く高く組み上げられ、当時の船としては最先端の大型船として評価すべき構造です。

天平四年（七三二）、朝廷は遣唐使船の建造をいくつかの国に命じています。瀬戸内の国々などに交じって近江の国も含まれていました。海をもたない近江国は資金だけ提供したのではないかという考えもありますが、琵琶湖で準構造船を建造していた近江はその技術を買われ、遣唐使船の建造を命じられたと考えることもできます。

遣唐使船については、百人乗りこんだといった記載はありますが、根本的な構造がよくわかっていません。今、復元されて目にすることができる遣唐使船は鎌倉時代以降に描かれた絵をもとに作られているからです。一番の問題は、伝統的な「準構造船」なのか、中国で見られる完全構造船で板を組み上げて作った「ジャンク船」なのかという点です。

朝廷は難破することの多い遣唐使船をなんとかするため、各国に競わせて優秀な船を建造させたと考えてみてはどうでしょう。瀬戸内の国は見よう見まねでジャンク船を、近江は伝統的な技術で準構造船を建造。結果として、このときの遣唐使船団はさまざまな形態の船で構成されていたと考えるのです。やがて、遣唐使船の建造は安芸国（現在の広島県）に集約されるようになるのですが、ジャンク船での造船技術を完成させていったのでしょう。

準構造船の歴史は意外に長く、遺跡から出土する船の部材や絵図船から、中世になっても主流だったことがわかります。この間、船釘《くぎ》が登場して部材の結合の自由度が高まり、帆が登場して、推進力の向上と大きな舵の必要性が生じるなど大きな変化を遂げていくのですが、丸木舟を抱えた構造を捨てないあたりに、造船技術がもつ保守的なところを見ることができるのでしょう。船大工の棟梁《とうりょう》が

「うちの船は船底に大きな丸木舟を使っているから丈夫さが違うんだ」と叫んでいる姿が目に浮かびます。

かつては遣唐使船も建造したであろう近江の造船技術は準構造船の特徴を継承しながら、近江に活躍する丸子船に引き継がれます。舷側に取り付けられる大きな半裁丸太にみられる巨木信仰、細長い船型、蒲鉾《かまぼこ》をひっくり返したような丸い断面形状など、丸子船には準構造船時代の面影をみることができるのです。

ところが幕末、琵琶湖の船は大変革します。蒸気船の登場です。近代化のなかで琵琶湖の船はどうなったのでしょうか。

三、短命だった蒸気船

彦根藩の火薬庫が、城の北約二キロの松原内湖のほとり、現在の「東北部琵琶湖流域下水道」の施設の中にありました。平成十三年から十四年にかけて発掘調査が実施され、彦根藩が幕末の動乱期に軍備を近代化し、近代兵器に欠かせない火薬を大量に保有した様子が明らかになりました。

さて、その大量の火薬は、ほとんど使われないまま時代は明治となり、版籍奉還《はんせきほうかん》ののち明治六年（一八七三）、新政府が伏見に置いた鎮台《ちんだい》に移されます。輸送は船でおこなったのですが、政府はそのさい琵琶湖の蒸気船の運航禁止や湖岸での焚火禁止を命令しています。一八五三年、ペリーが浦賀に現れ、

西浅井町の塩津港にあった往時の太湖汽船塩津支所を描いた絵図

初めて見た蒸気船に驚いてからわずか二十年足らず、琵琶湖には火薬の輸送を脅かすほどの多くの蒸気船が往来する状況となっていたのです。

琵琶湖に最初に蒸気船を浮かべたのは、大聖寺藩の藩士石川嶂です。蒸気船の優秀さに着目した石川は、大津百艘船仲間の一庭啓示らとともに長崎で蒸気機関を購入。造船職人を雇い入れ、大津造船所で明治二年（一八六九）の二月、蒸気船「一番丸」を完成させています。それを就航させたのが、日本有数の主要航路大津―塩津間です。

その性能は素晴らしく、明治四年に大津百艘船や各藩が占めていた琵琶湖水上交通の特権が廃止されたことも後押しとなり、次々と新しい蒸気船が建造されました。

塩津街道は、今も建物などに港町らしい町並みをよく残しています。塩津浜の集落を通り過ぎますと琵琶湖に突き当たります。ここに、太湖汽船の船着き場が置かれていました。近世の船溜りは街道に並行する大坪川を少しさかのぼった所にありましたが、大型蒸気船の発着場は新たに琵琶湖に直接面するところに設けられました。

汽船の旧船着き場から百メートルほどの区間は、街道の道幅が少し太くなっているのに気が付きます。また、そこから右に曲がると町並みには似合わない緩いカーブに出合います。正確な記録は見当たらないのですが、これは多い荷物をさばくため、街道沿いに一方通行のトロッコを設置し周回させた痕跡といわれています。その設置期間は短かったようですが、京都と北陸を結ぶ主要航路として栄えた塩津の港のにぎわいが蒸気船の時代を迎えて盛隆した様子を見ることができます。

時代の流れは速く、明治十三年神戸―大津間、明治十七年長浜―敦賀、そして長浜―大垣間に鉄道が開通します。ただし、長浜―大津間は開通までに時間を要すると見込まれ、その間は蒸気船の連絡船で繋《つな》ぐことが計画されました。

連絡船は民間業者に委託されることになり、そこで設立されたのが太湖汽船でした。大阪の実業家藤田伝次郎など資金信用力のある経営者らによって、琵琶湖に大型汽船を建造し長浜―大津間などに就航しました。今、長浜にその時の駅舎が資料館として残っています。

就航してまもない明治二十二年に、大津―長浜間の鉄道が開通します。連絡船航路はわずか七年余りで廃止となったのです。近代化の花形のように登場し、丸子船を「旧型船」にした蒸気船の時代はわずか二十年余りで幕を下ろします。そのことは、基幹輸送路として日本の物流を支えてきた琵琶湖航路がローカル航路へと変わったことを意味します。

一方、丸子船は帆を下しエンジンを載せ、船体はボルトで補強し、古典的形式を保ちながらも改良を施され、昭和の初めまで琵琶湖周辺地域の物資輸送にあたりました。

（横田洋三）

コラム

穴村のもんもん

痛い目にあわせる・強く叱責《しっせき》するという意味で「灸をすえる」という慣用句がつかわれるように、お灸といえば熱さを我慢しなければならないものですが、実は熱くない灸術もあります。

もぐさの液をツボに付ける「墨灸《もんもん》」がそれで、草津市穴村町のあなむら診療所は、熱くない灸が子供の夜泣きやカンに効く「穴村のもんや」として名高く、その評判は、近隣はもとより遠く京阪神や名古屋方面にまで知られており、昭和初期には一日千人以上の人々が治療に訪れたそうです。

当時「きよろし」とよばれた墨灸客は、どうやって診療所まで足を運んだのでしょうか。鉄道を利用する場合は守山駅や草津駅から、琵琶湖の航路を利用する人々は穴村港から「穴村のもんや」を目指しました。

明治のはじめに琵琶湖に蒸気船が就航すると、明治十六年には大津と志那、赤野井を結んでいた船が穴村の港に寄港するようになりました。「穴村のもんもん」が評判となると、穴村港には立派な茶店が三軒（魚幸・港屋・大津屋）軒を連ね、エリ漁を楽しませる遊覧船や釣り客でたいそう賑《にぎ》わいを見せたといわれています。

港と診療所の二キロ以上の道のりは、馬車や人力車、タクシーが「きよろし」を運んだといわれています。それらに乗り切れなかった人たちは、長い列を作って歩いていたそうです。また、昭和五年には草津駅から穴村までの間を軌道バスで結ぶという計画が立てられるほどでした。

その賑わいは今も「あなむら診療所」にある、明治中期の様子を描いた絵に残されています。この絵には松の大樹が描かれていますが、現在も診療所の入り口には樹齢四百年を超すといわれる松が見事な枝ぶりをひろげ、訪れる人を迎え入れてくれます。

入り口の両側には、治療に訪れた親子連れ目当てのおもちゃや飲み物、串《くし》団子でもてなす出店が並び、さながら門前市のような活況であったそうです。門の向かいにある和菓子店（吉田玉栄堂）では、昭和四十年ごろから「もんもん」をつけられた子供の顔を描いた包装紙の「穴村のだんご」が売られています。

このように穴村の名物となった灸ですが、始まりは『日本書紀』に記載された天日槍《あめのひぼこ》伝承とかかわりがあります。そこには垂仁天皇三年三月条に、天日槍が「菟道《うぢ》川より泝《さかのぼ》りて北近江国の吾《あ》名《な》邑《むら》に入りて暫く住む」とあり、新羅の王子天日槍が吾名邑に一時住んだとあります。この吾名邑が穴村町であると考えられています。

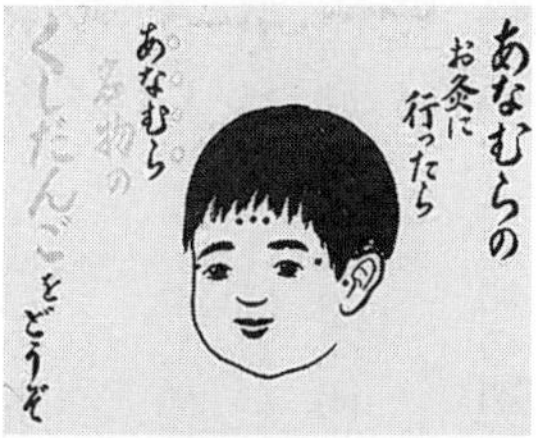
あなむらの
お灸に
行ったら
あなむら
名物の
くしだんごを
どうぞ
あなむら診療所の近くで販売された名物の串団子の包装

穴村集落のほぼ中央、診療所の南東側にある安羅《やすら》神社は天日槍命を祭神とされ、神体は「温石《おんじゃく》」で、灸術は天日槍がもたらしたとの伝承があります。なお、近隣の野村町にも安羅神社が鎮座することから、付近一帯は古代の安羅郷（安良郷）であったと考えられています。

ともあれ、お灸治療に琵琶湖航路が活躍した一面をうかがわせることがらです。

（大崎康文）

第二節　水上交通から陸上交通へ

一、湖上の東海道線

明治維新を経て、わが国は近代的な統一国家の建設に向けて走り出します。明治政府は、明治二年（一八六九）には早くも、近代化政策のひとつである国内交通体系整備の一環として鉄道導入を決定します。なかでも、真っ先に着手すべき路線として東京―京都間の連絡線（東海道線）とともに、当時の主要貿易港であった横浜、神戸、敦賀への枝線を挙げました。そして、東海道線ルートは琵琶湖周辺地域を経由する計画がたてられたのです。

この計画に従って明治五年（一八七二）には東京―横浜間が、明治七年（一八七四）には大阪―神戸間が、明治十年（一八七七）には大阪―京都間が続々と開通します。続いて、明治十三年（一八八〇）には京都―大津間の開通をみました。

この京都―大津間の鉄道建設は京阪間の鉄道建設とともに政府によって発令されましたが、折から勃《ぼっ》発《ぱっ》した西南戦争のあおりを受けて着工は延期され、ようやく明治十一年（一八七八）に着手されました。

この鉄道建設で特筆すべきは、お雇い外国人の手を借りずに日本人技術者のみで完成された逢坂山トンネルの掘削工事でしょう。十一年の着工から、一年あまりで開通しています。ちなみにこの逢坂山トンネルは、その後新線への付け替えがなされたため廃線となり、さらに名神高速道路の建設によって西口がなくなり、現在は大津市側の東口のみが保存されています。

その後も、東海道線建設は明治十五年（一八八二）には関ヶ原―長浜間が開通し、順調に進みました。しかし、長浜―大津間つまり湖東平野を縦走する湖東線についてはなかなか着工されず、明治二十二年（一八八九）になってようやく竣《しゅん》工《こう》し、ここに東海道線が全線開通したのです。

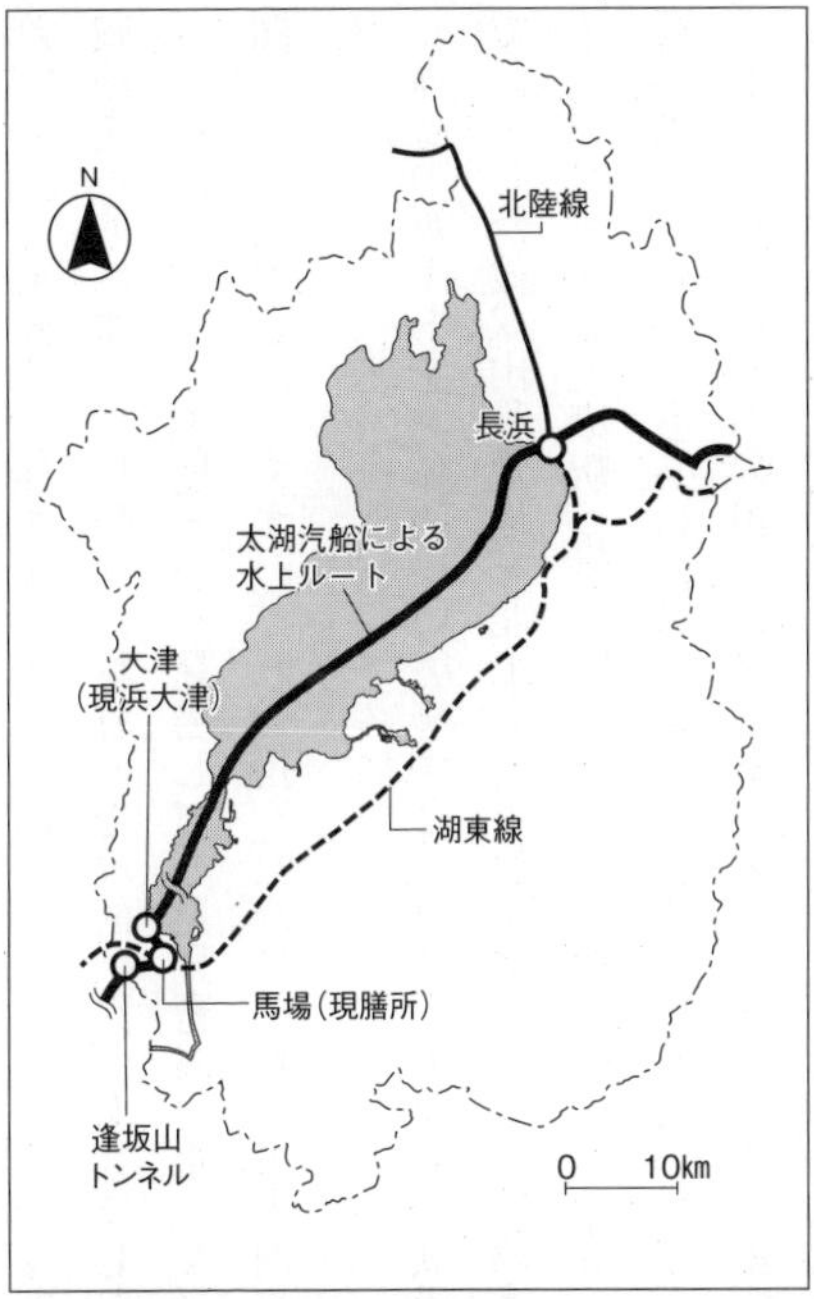

東海道線全線開通以前の鉄道網

湖東線の着工が先延ばしされたことには理由がありました。湖東線の区間は比較的平坦《へいたん》な平野部であり、工事も比較的容易であると考えられていましたが、実はここに理由があったのです。というのは、当時の逼迫《ひっぱく》した国家財政下では、より建設が困難な工事区間が優先的に着手され、いつでも建設可能な湖東線は後回しにするという国家戦略がとられたのです。さらに、そうした戦略を可能にする、琵琶湖に特有の地理的条件がありました。

それは、今まで幾度となく登場してきた琵琶湖の水上交通でした。水上交通を湖東線の代替輸送機関として利用したのです。これを担うために、新たに太湖汽船会社が設立され、汽船を就航させました。

当時のルートを具体的にいいますと、京都―大津間の鉄道は京都から現在の奈良線ルートで伏見まで南下した後、山科盆地を北上し、逢坂山をトンネルで越えて、馬場駅（現在の膳所駅）に直行し、スイッチバックで大津駅（現在の京阪浜大津駅付近）まで至り、そこで汽船に乗り換えて琵琶湖を縦断し長浜港へ向かい、さらに鉄道に乗り換えるというものです。

このように日本の幹線交通路である東海道線は、その黎明期には琵琶湖の水上交通によって補完されることで機能していたのです。このことは琵琶湖の水上交通の果たしてきた役割の大きさを反映しているともいえます。

しかし、明治二十二年の東海道線全線開通により、もはや琵琶湖の水上交通は列島の幹線交通路としての役割を終え、琵琶湖周辺地域内での物資輸送にその機能が限定され、大津港などの水運拠点の賑《にぎ》わいは次第に薄れていきます。これ以降、水運から陸運へ、その変化は近代化の波とともに、徐々に、しかしながら確実に進んでいきます。

（辻川哲朗）

二、琵琶湖大橋と近江大橋

今は、琵琶湖大橋で簡単に行き来ができる琵琶湖の一番くびれた所も、昔は、「イサダになったむすめ」や「比良の八荒《はっこう》」の話にあるように、恋も隔てる難所でした。戦後の経済成長は、自動車運輸の急激な拡大を生み、全国で道路網整備が必要となりました。それは、琵琶湖の湖上輸送の役割が終焉《しゅうえん》したことを意味していました。

琵琶湖横断橋は漠然とした「夢の架橋」ではなく、①琵琶湖の観光開発を促進する、②湖西と湖東をひとつの地域にする、③主要国道群相互間を連絡する、④広域な経済交流を促進するなど、さまざまな効果を期待された現実的な構想となっていったのです。

昭和三十一年、堅田、守山両町を中心に、木浜―堅田間架橋促進期成同盟会が結成されたことにはじまり、琵琶湖利水案として湖水分割・しめ切りダム案が発表され、堤上を道路とする案も出ましたが、最終的に県独自の有料道路の橋として建設することとなりました。

着工は三十七年十一月、オリンピック東京大会に間に合わせるべく、工事は異例の早さで進められ、世界最初の新工法を採用し、三十九年九月に完成しました。橋長は、堅田町今堅田―守山町水保間の一・三五キロ。大型観光船が橋下を通過できるよう、堅田側に高い放物線状のふくらみを描きました。その優美な姿は、琵琶湖の新しい観光スポットとして注目され、レジャー施設なども次々とできました。

琵琶湖大橋が開通することにより、国道八号と湖西を通る国道一六一号が連絡され、同じく三十九年には名神高速も開通しました。いわゆる太平洋ベルト地帯にありながら、後進性の強かった県湖南地域は、工業適地として徐々に脚光を浴びてきました。

湖南地域の工業振興は、野洲川の伏流水という良質で豊富な工業用水に恵まれていたということもありますが、名神高速や琵琶湖大橋を始めとする道路整備によって、京阪神、中京、北陸とが結びついていくという地勢面が大きかったと考えられます。

工業振興とともに都市の活性化が始まり、湖南地域の各市町の人口は、昭和三十年代までは、わずかな増加もしくは停滞ぎみでしたが、昭和四十年以降は急激な増加に転じました。

商業面にも大きな変化が起こります。昭和三十

琵琶湖大橋建設の新聞記事（滋賀県提供）

年代後半は流通革命の時代ともいわれ、スーパーに代表されるような大型店の立地が全国各地にみられるようになりました。琵琶湖大橋周辺での大型店の進出は、まず駅前への立地からはじまり、琵琶湖大橋取り付け道路沿いへ押し寄せたレジャー施設は大型店に取って代わられ、さらに大店法の規制緩和などによって平成二十年には橋の東詰めに大規模店舗が進出してきました。

もう一つの「夢の架け橋」である近江大橋は昭和四十九年九月に完成しました。「瀬田へ回れば三里の回り、ござれ矢橋の舟にのろ」とうたわれた「矢橋帰帆」の道路化です。橋長は一・二九キロで、瀬田川に架かる国道一号、名神高速、瀬田唐橋の三橋の交通緩和を目指す産業用、通勤用道路として利用されています。この近江大橋の架橋によって、草津～大津間の所要時間は約十分に短縮されました。

琵琶湖に橋を架けることによって、滋賀県は新しい時代を迎えることになったのです。

（大道和人）

探訪

海津の石積み

春の日差しに目映いばかりの桜が咲き誇る海津大崎。竹生島を目の前に望む奥琵琶湖の景勝地は今、「桜の回廊」が人々を魅了しています。

海津という地名が示すようにすでに港として使われてきましたが、その歴史は平安時代にさかのぼるようです。

中世には塩津と並ぶ重要な津として、敦賀で船から陸揚げされた年貢米などが「七里半越」と呼ばれる陸路で海津まで運ばれ、船で坂本を経由して京都にまで運ばれたという記録が残っています。

江戸時代に入ると大部分は大和郡山藩の所領となり、代官所が置かれ、西近江路(北国海道)の宿場の一つとしてにぎわうとともに港町として繁栄しました。

このように、海津は湖上と陸上の結節点として重要な役割を果たしました。享保年間(一七一六〜一七三六)には百石積以上の船が五十八隻、五十石積以下の船が二十二隻あったといわれています。

海津周辺は、地理的には琵琶湖の幅が最も広い部分に位置することから、季節風による波風の影響を強く受けます。波風を防ぐため家屋には垣や板戸を用い、湖岸には石積みを築くなどの対策が重要な生活の知恵でした。

海津、西浜にかけて現存する湖岸の石積みは、海津に残る記録によれば天和二年(一六八二)にはすでに築かれていたとされ、また西浜に残る記録によると、元禄十五年(一七〇二)に当時の代官、西与市左衛門が、たびたび風波による被害を受けたことから、築造されたと伝えられています。

こうした石積みは修復を重ねて現在も受け継がれ、全長約一・二キロ、高さ二・五メートル前後の石積みが湖岸の景観をつくっています。

この石積みを含めた高島市マキノ町海津、西浜、知内の湖岸一帯および知内川と琵琶湖を含む約一八四二ヘクタールは「高島市海津・西浜・知内の水辺景観」として平成二十年三月に国の重要文化的景観に選定されました。

重要文化的景観とは「地域における人々の生活又は

生業及び当該地域の風土により形成された景観地で我が国民の生活又は生業の理解のため欠くことのできないもの」と定められているものです。

石積み以外で重要文化的景観に選定されたものには、江戸時代末期に建てられた木造の町家五棟と、海津、知内両漁港の近くにそれぞれ建っている海津漁業協同組合と知内川漁業者組合の旧倉庫があります。

また、海津周辺は冬に雪が多く、湖辺や内湖（沼）では、全国的にも珍しい植物や湿地性の稀少植物を見ることができます。知内川は県内有数のアユやビワマスの遡上《そじょう》河川で、ヤナ漁をはじめとする独特の漁法が伝わっています。

これらの自然や伝統が、琵琶湖や街道を中心に人々の営みが積み重ねた歴史とあいまって、重要な景観をつくり出しているのです。

アクセス ＪＲマキノ駅下車徒歩一〇分で知内浜へ。湖岸沿い北進すると海津漁港へと続く。

（中村健二）

地域の生活や生業などを伝える、国の重要文化財景観に指定されている海津の漁協（上）と石積み（下）

第三節　琵琶湖に夢みたこと

一、日本海と琵琶湖を結ぶ運河

滋賀県と福井県の県境には塩津街道の難所である深坂峠（標高三百七十メートル）があります。そこには「堀止地蔵《ほりどめ》」と呼ばれるお地蔵さんが祀《まつ》られています。このお地蔵さんには、平清盛が琵琶湖と日本海を結ぶ運河を計画したが果たせなかったという伝承が残されています。この深坂峠は、昭和十五年に国道八号が建設されるまで多くの人々が往来していました。

清盛による運河計画の真偽の程は定かではありませんが、江戸時代以降、戦後にいたるまで、琵琶湖と日本海を結ぶ運河計画は何度も計画され、一部は実際に着工されています。琵琶湖運河計画の歴史をたどることで、交通路として琵琶湖が果たした役割の一端をご紹介しましょう。

古代から江戸時代の初め頃までは琵琶湖水運が活躍した時代です。日本海側の物資は敦賀・小浜でいったん荷揚げされたのち、陸路を人力や馬力によって峠越えをして近江の各港湾（塩津、海津、今津など）で船に積み替え、再び大津で陸揚げして、人力や馬力によって京都・大坂へ運搬されていました。

しかし、このルートには大きな問題がありました。それは、距離的には近いけれども、敦賀・小浜での荷揚げや琵琶湖の各港湾での積み替えの賃金に加え問屋への口銭（手数料）が必要となるなど陸送のコストがかさんでしまうということです。

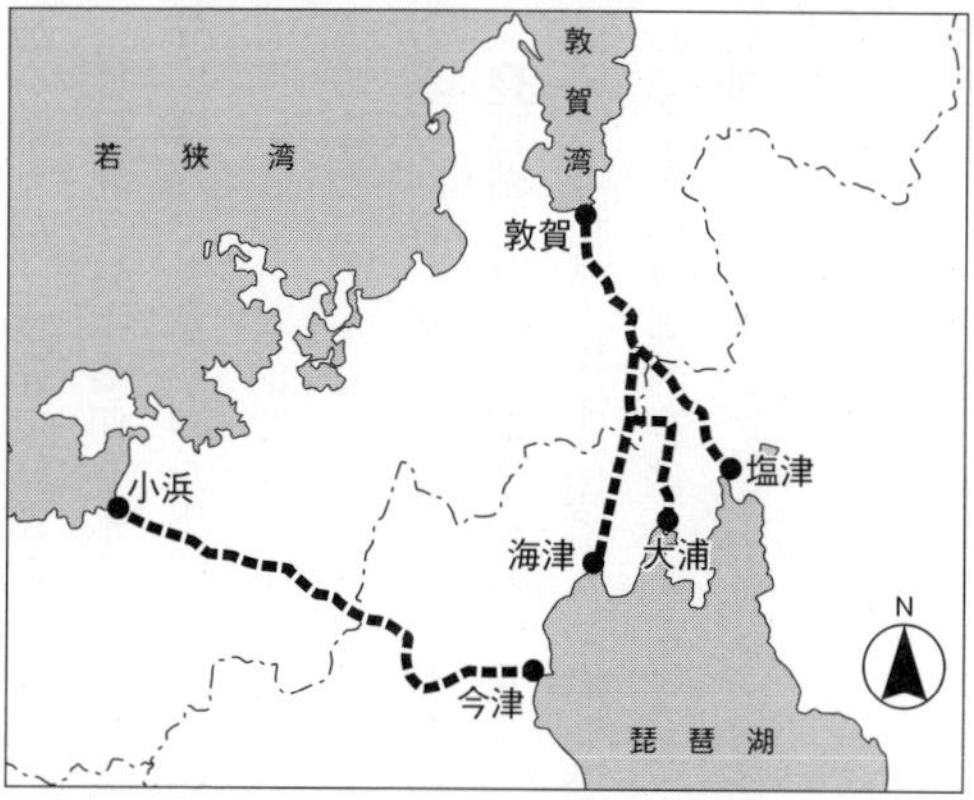

日本海と琵琶湖を結ぶ陸路。運河計画が何度も持ち上がった

そのため、幕府は時の豪商である河村瑞賢に、より効率的に大量の物資（米など）を大坂へ回送するように命じました。瑞賢は、日本海側の物資を敦賀や小浜で陸揚げするのではなく、そのまま日本海を西へ進み、関門海峡から瀬戸内海を経て、大坂へ回漕するという西廻り航路を寛文十二年（一六七二）に開設したのです。その結果、価格面で西廻り航路にとうてい及ばない琵琶湖水運は大打撃をうけたことは第五章第一節で触れられていたところです。

しかし、日本海側の物資をわざわざ関門海峡を回って大坂へ回漕するのはどうみても遠回りですし、日本海側と大坂・京都を結ぶルートとして琵琶湖を経由するのが距離的にみて最短であることは明らかですから、琵琶湖の水運を何とか活用するために、敦賀・小浜と近江の各港湾間の山地を乗り越え水路で結ぶという運河計画が何度も計画されることになります。

琵琶湖と日本海側を水路で接続することには、他にも目的がありました。それは瀬田川の疎通を十分に管理できなかった当時、琵琶湖の水を日本海に落とすことで、頻発する琵琶湖周辺の水害を回避したいという目的です。さらに、琵琶湖の水位を下げることで現れた陸地を開墾すれば、水田を拡大することにもなります。それゆえ、江戸時代以降の運河計画では物資輸送の便とともに、琵琶湖沿岸の水害回避、新田開発という利点がうたわれました。

琵琶湖と日本海側とを結ぶルートに、小浜—今津（国道三〇三号沿い）、敦賀—海津（国道一六一号沿い）、敦賀—塩津（国道八号沿い）の三ルートがあります。立案された運河計画もこの三ルートが中心ですが、計画内容はさまざまです。多くの場合、日本海側と琵琶湖側から現況河川を整備し、河船が遡上《そじょう》できるところまで水運で貨客を運び、その間は陸路で山越えをするという水陸路併用方式でした。

こうした計画は一部で実施着工されましたが、すべて計画倒れに終わりました。その原因には、技術力が及ばなかったことに加えて、計画を知って琵琶湖の水位低下をおそれた琵琶湖周辺の漁民らが起こした猛烈な反対運動や、敦賀側では琵琶湖の水による洪水を恐れた村々の反対陳情などがあったことがあげられます。

二、江戸時代の運河計画

次に、江戸時代に計画された琵琶湖運河計画についてお話しいたします。江戸時代に琵琶湖運河計画がさかんに立案される主な背景には、西廻り航路の整備による琵琶湖を経由する物流の衰退がありました。ですから、計画者の多くは、西廻り航路整備の影響を強く受けた京都などの豪商でした。彼らは琵琶湖水運を回復しようと、琵琶湖を経由して日本海側と京・大坂を水運で連結するさまざまな計画を立案します。それには琵琶湖北部の諸港津と日本海の主要港津を結ぶだけでなく、琵琶湖と京都を接続する水路整備をはかるという、後の琵琶湖疏水計画のさきがけともいえる計画も含まれていました。

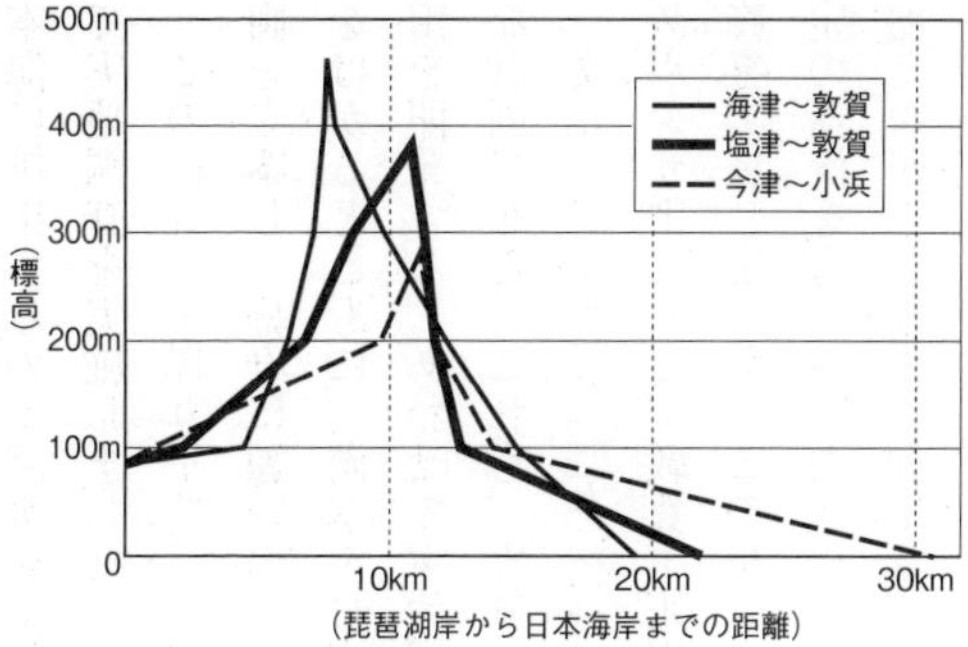

運河計画３ルートの断面図

寛文九年（一六六九）に京の豪商田中四郎左衛門が、塩津から深坂峠付近の新道野までの約八キロを掘り割り、敦賀側の約一六キロは疋田川を利用する計画を立案します。この計画は幕府に取り上げられませんでしたが、田中はあきらめずに、元禄八年（一六九五）には彼を含む五人の京都の商人とともに再び深坂山開削を計画します。この計画では物流ルートの整備とともに、湖水を日本海に排出するので洪水防止にも有効であることが述べられています。この計画に幕府は興味を示して実地調査を実施しましたが、敦賀側の庄屋たちによる猛反対で実現にはいたりませんでした。

この後も、享保五年（一七二〇）には江戸の幸阿弥伊予をはじめ五人が、塩津―敦賀間の運河開削計画を立案し、幕府に願い出ています。塩津―敦賀間約二十キロの運河開削により、物資輸送の効率化をはかるとともに、湖水を日本海に排出することで琵琶湖の水位を低下させて約一五・六万石分の新田を開発する。あわせて宇治、伏見、淀付近の浚渫《しゅんせつ》を実施し、敦賀と大阪を水運で結ぶ、という壮大な計画でした。これも、実施には莫大《ばくだい》な経費が必要であることから、結局却下されてしまいます。

文化十二年（一八一五）には幕府が動き出します。幕府は小浜藩と協議し、大坂の豪商銙屋六兵衛をスポンサーとして、敦賀―疋田間に通船できる河川を開削するとともに、疋田から山中までの道路改修を実施しました。このルートは以後約二十年間にわたり利用され、北国筋の米が大浦まで運ばれ一定の活況をもたらしたといいます。その後災害などで使用されなくなる時期もありましたが、改修を加えながら幕末まで利用され続けました。

このように、江戸時代に提出された運河計画を順をおってみてきますと、日本海の港津と琵琶湖北岸の港津間は、物資流通ルートを整備するだけでなく、湖水を日本海に排出することによる琵琶湖周辺の水害回避と琵琶湖の水位を低下させて新田開発するという多面的な機能が求められていたことが分かります。

湖水を日本海側へ自然排出するためには、当然琵琶湖水位よりも低い高さで水路を日本海側まで掘削することが必要ですが、いずれのルートを採用するにしても国境の山岳地帯を十キロ以上にわたって水路を掘りぬかなければなりません。当時の技術力では不可能とはいえないまでも、その実現は極めて困難であったことでしょう。

　こうした技術的要因に加えて、水位低下を恐れた漁民など周辺住民との調整が困難であったことも、実現を阻んだ社会的要因の一つです。数ある計画のなかで、実際に施工されて、ある程度機能した事例が、全線水路方式でなく水陸路併用方式であったことは、前近代社会における大規模土木事業を取り巻く技術的・社会的限界を如実に物語っているといえます。

三、田辺朔郎の敦賀—大阪運河計画

　幕末の混乱期を経て、明治時代になると再び運河計画が立案されます。明治維新後まもない明治五年には吉田源之助によって「阪敦運河」が計画されます。これは琵琶湖と敦賀間に運河を掘削し、淀川を利用して敦賀・大阪間に汽船を通船しようとした計画で、熱心な請願活動により明治三十八年には貴族院で採択されました。なお、明治五年は日本で初めて新橋・横浜間に鉄道が開通した年です。しかし、ちょうど日露戦争中だったこともあって実現には至りませんでした。

　その後、源之助の子息である吉田幸三郎陸軍大尉が父の遺志を継承して、大正十三年に阪敦大運河計画を発表します。この構想は、大津と京都の間にある逢坂山に一・四キロの、深坂峠に六・二キロ

琵琶湖と日本海をつなぐ運河を作ろうと、開削計画が何度も持ち上がった福井県境に向かう山並み（湖北町から、滋賀県提供）

のトンネルを掘削するとともに、淀川右岸と塩津敦賀間に新しく水路を掘削し、三千トン級の汽船や四千トン級の軍艦が通船できるようにするというものでした。

　さらに、琵琶湖の水位を現状の約半分程度まで低下させ、それによって生じた陸地部を干拓地として開墾することもあわせて計画されていました。江戸時代の諸計画と同様に、この段階でも、運河計画の目的の一つとして水田域の増加がもくろまれていたことは注目されます。

　昭和八年には、琵琶湖疏水を計画し完成させた田辺朔郎《さくろう》が敦賀と大阪を結ぶ「大琵琶湖運河計画」を発表します。それは敦賀・塩津間に幅八十五メートル・水深十メートル規模の運河を掘削し、一万トン級の船舶を日本海から大阪湾まで航行させようという計画でした。

　海水面と琵琶湖水面との比高約八十五メートルについてはパナマ運河などで用いられた水門（閘《こう》

門《もん》）方式を採用することで解決しようとしました。ここでいう水門方式とは、運河の何カ所かに水門を設け、水門と水門の間の水位をポンプなどで調節することで勾配《こうばい》を解消させる方法です。

ポンプなどの動力源として運河沿いに四カ所の水力発電所を建設することも計画していました。田辺は、その建設費用として、塩津・敦賀間の運河建設に二億千八百万円を、さらに、下流の宇治川・淀川改修工事などを含めた総工費として五億七千六百六十五万円を試算するとともに、工事期間として約十年を見込んでいました。

この運河計画の利点として田辺は次のような点を指摘しています。まず、日本海を挟んで中国東北部にあった「満州国」や朝鮮半島と、本州の主要工業都市である京阪地域との間の物流ネットワークを整備拡充できることです。具体的には、朝鮮半島北部の主要港湾拠点羅津《らしん》と大阪港の間の航路について、門司経由よりも運河経由の方が五時間から十時間程度短縮できるとしました。

さらに、下流の淀川の付け替えによって運河周辺に工業地帯を確保し、京阪地域の経済生産力を増加できるとも述べています。加えて、「満州国」と列島との間に日本海を横断する「船鉄道」航路を就航させることも提案しました。

これは、かつての青函連絡船や宇高連絡船と同じく船内に列車をそのまま積み込み運搬する方式です。その場合、「満州国」の鉄道軌道幅は標準軌、日本国内の軌道幅は狭軌であるため、小浜・大阪間に標準軌の新線を敷設することになります。その新線に小浜・大阪間を一時間二十分で結ぶ高速旅客列車を走らせるとともに、日本海を横断する「船鉄道」によって大阪・満州間を直通列車で接続できるとしました。

田辺による運河計画は、今となってはかなり壮大で無謀な計画のようにも思われるかもしれません。しかし、琵琶湖疏水を完成させ、当時の土木学会の第一人者であった田辺が提案した計画は必ずしも荒唐無稽《むけい》とは受け取られなかったようです。田辺の計画案を承《う》けてさらなる運河計画が提案されたのです。

四、トラック輸送で終焉となった運河計画

近現代の運河計画についてお話を続けます。

昭和十年には、前回の田辺案を受けて、谷口嘉六と宮部義男の両氏によって艀《はしけ》鉄道計画が提案されます。この計画は、琵琶湖と日本海との間を運河によって直接通船させるのではなく、艀を乗せた鉄道によって接続する点が最大の特徴です。

艀鉄道とは、一定規格の艀を運搬容器（コンテナ）として用い、山岳地帯は列車に艀を乗せて運ぶ方式です。艀の積み下ろしは敦賀港と塩津港に設置したインクライン（傾斜鉄道）で行い、艀を積み込んだ列車は電気機関車で牽引《けんいん》されます。

これに伴い懸案の敦賀塩津間は約三キロの鉄道用トンネルの掘削が計画されました。また、この計画では水門方式を採用する田辺案よりも建設経費が大幅に抑えられるとともに、建設期間も短縮でき

ることが謳《うた》われました。

さらに将来的に、琵琶湖疏水の改修と淀川の川底を浚渫《しゅんせつ》する低水工事の実施によって、琵琶湖経由で京阪地区まで直接艀を回漕することも計画されていました。

この計画の主な効果としては、満州国内での鉄道網整備により、満州北部の物資集散地ハルビンと日本海岸の羅津を結ぶ鉄道が開通することで、日満貿易の拠点港として羅津が整備され、羅津と敦賀港との間の航路の重要性が高まり、敦賀港と主要工業地帯である京阪地区とを効率的に接続できることがあげられています。さらに、工業用水に恵まれた琵琶湖沿岸地域を貿易港背後の工業地帯として開発できることも加えられます。

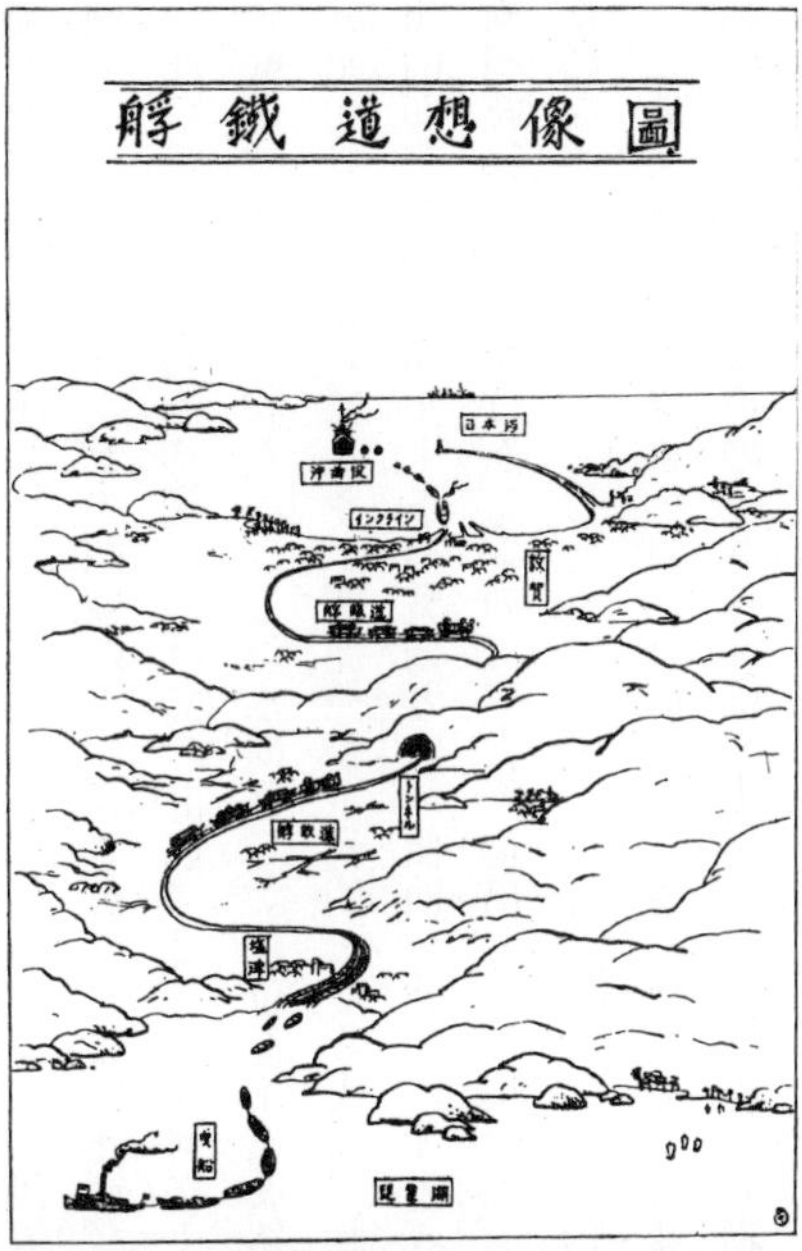

谷口嘉六、宮部義男両氏が発表した論文「日本海と大阪湾を結ぶ水運の聯絡」（昭和10年）より

残念ながら、戦局の悪化により、艀鉄道計画は実現されませんでした。しかし、昭和三十六年には、さらにスケールの大きな日本横断運河構想が計画されます。これは敦賀湾―琵琶湖―伊勢湾を運河でつなぎ、三万トン級船舶の航行させる壮大な計画

でした。敗戦後の国力回復と琵琶湖の水位調整による洪水回避を主な目的としていましたが、この計画も巨額の建設費などの問題から中止されてしまいます。

江戸時代から明治時代にかけての計画では、①運河による日本海側と太平洋側との間の効率的な物資輸送、②湖水位調整による洪水回避、③水位低下による新田開発―が謳《うた》われていました。

昭和以降は物資輸送や工業開発が主目的となります。物資輸送は国内輸送路の確保だけでなく、満州国など対外貿易ルートの整備という側面を強く示すように変化します。特に満州国との間の貿易は両国経済の強化をはかるもので、大陸進出という当時の国策に沿って琵琶湖運河計画も構想されるようになったといえるでしょう。

このように運河計画の目的は時代による変化をみせますが、その根底には列島中央に位置する琵琶湖の水運を列島規模の、さらには列島外をも含む規模の物流網上で最大限活用しようとする強い意志がうかがわれます。

しかし時代は大きく変化します。近年モータリゼーションが急激に進み、物資輸送の主力は高速道路網を利用したトラック輸送に転換していきます。その点で昭和三十九年完成の琵琶湖大橋と四十九年完成の近江大橋の架橋は象徴的な出来事でした。なぜなら、琵琶湖が物資輸送の手段ではなく、もはや物資輸送の障害物になってしまったことを如実に示しているからです。

今湖上にあるのは観光船や漁船、ヨットやバス釣り用のボートばかりです。もはや時代は完全に水運社会から陸運社会へ転換しました。そう考えると、昭和の運河計画は琵琶湖水運の最後の煌《きらめ》きだったといえるかもしれません。

（辻川哲朗）

五、県庁論争

滋賀県の県庁所在地は、滋賀県の南西端に位置する大津市です。日本の四十七都道府県を見渡してみますと、県庁所在地同士が隣接しているところは、仙台市と山形市（昭和六十三年の仙台市の合併により）、福岡市と佐賀市（平成十六年の佐賀市の合併により）、そして京都府と滋賀県の三カ所だけなのです。都道府県庁の所在地は、地理的に中央であるか、伝統的な政治経済の中心地であることが一般的です。

現在の県庁所在地の是非については、歴史的な経緯もありますので、簡単に結論を出すことはできませんが、かつて県議会を舞台に県庁をどこに設けるかという激論が交わされたことがありました。ここでは、大津と彦根をめぐる滋賀県の県庁の話をいたしましょう。

廃藩置県から府県統合方針をうけて、明治四年に大津県と長浜県が成立しました。翌年には大津県が滋賀県に、長浜県が犬上県に改称され、さらには滋賀・犬上県が統合されることによって、現在の滋賀県域がほぼ確定されました。

当時の滋賀県庁は、明治二年以来大津県庁が置かれていた円満院（大津市園城寺町）にそのまま設置されました。その当時から県庁の位置については議論があったものの、県令（知事）の籠手田《こてだ》安定《やすさだ》が交通の便がよいので移転を考える必要はないとの見解を示しています。

起こるべくして起こった県庁移転案は、明治二十四年十月に神崎郡選出の磯部亀吉によって県会に提出されました。反対発言もあったものの、過半数で可決されたのです。内容を見てみると、県庁が「南偏大津」に所在していることから「北部ノ人民」は「不便」を感じているというのです。滋賀県最大の市街地であり、大津町よりも人口の多い彦根にこそ「一国ノ政庁」つまり県庁を置くべきだというものでした。

県庁彦根移転が県会で可決されたことをうけて、にわかに騒がしくなりました。十二月二十一日、県会臨時会にて移転建議の取り消しに関する緊急提案が行われたのです。議論は紛糾し、採決は翌日に持ち越されました。翌日の県会は、大津、彦根の両陣営あわせて過去最多の百八十五人におよぶ傍聴者がつめかけました。

やはり一触即発の雰囲気。

県庁所在地が南に偏っていると主張する彦根町陣営に対して、大津町陣営からは滋賀県の真ん中がいいというのなら琵琶湖の上に船を浮かべて県庁にしたらいいじゃないかという暴論まで出る始末。

県庁所在地をめぐる激しい論争が繰り広げられた滋賀県庁旧庁舎(滋賀県提供)

不穏な空気がみなぎったために、午後に入って議長は傍聴禁止を命じたのです。喧々諤々《けんけんがくがく》の議論が続くなか、議長が移転建議取り消しの採決をとろうとしたところ、彦根町陣営の議員はボイコットしました。

その後、大津町陣営が盛り返し、移転建議は取り消しとなりました。以降、両陣営の間で議論は続けられたものの、最終的にはうやむやに終わってしまいました。

ここでの議論は、滋賀県と犬上県が統合された滋賀県の中心としての県庁をどこに設けるかということが主眼に置かれています。政治的な力学が存在していたとはいえ、県民にとっては交通上の便不便という地理的な要因がありました。

水上交通が主要な手段であった明治中ごろの出来事です。「滋賀県の中心は琵琶湖」。意外と的を射た発想だったかもしれません。

（畑中英二）

コラム

琵琶湖疏水

琵琶湖の周囲には桜の名勝が沢山あります。その一つに三井の晩鐘で知られる三井寺から琵琶湖疏水沿いに植えられた桜があります。特に、ライトアップは多くの目を楽しませてくれます。

琵琶湖疏水は近代の都市型疏水として、今から百二十年前の明治二十三年(一八九〇)、田辺朔郎ら日本人技師だけにより土木工事を完成させました。京都市へ水の安定供給、水力発電の開始、物資の運搬など大きな役割を果たし、全国で初めて京都市内に市電が走り、東京への遷都により意気消沈していた京都市民を元気づけたことはよく知られています。今も現役で安定した水を京都へ供給しています。

そのルートを見ますと、大津市三保ヶ崎の琵琶湖畔で取水し三井寺のある長等山を抜けて、京都市山科区の山麓をめぐり、蹴上で分岐して本流は鴨川左岸に至り南下して宇治川に注いでいます。分岐した疏水は南禅寺境内から北白川に至っています。

蹴上付近には水力発電所や浄水場、インクライン(船を運ぶ施設)があり、南禅寺境内の水路閣は南禅寺の景観にとけ込み岡崎界隈の観光スポットとして有名です。北白川の疏水縁は哲学の道と呼ばれ市民に親しまれています。

工事は明治十八年一月に政府の起工特許を得て、同年六月に長等山を抜く第一隧道から着手され、明治二十三年四月に竣工式が行われました。鴨川から伏見に至る運河は明治二十七年に完成しています。第一疏水完成までに動員された人夫は述べ四百万人、使用煉瓦千四百万個、セメント二万五千樽、ダイナマイト類七千貫目に及び、総工費は当時の経費で百二十五万円余りと言われています。

三保ヶ崎から伏見までは全長約二十キロ、北白川へは分岐して約三・三キロあります。三保ヶ崎から蹴上までの約八・七キロのうち約三・四キロは隧道(トンネル)で、大津市に位置する第一隧道(二千四百三十六メートル)は、当時日本最長のトンネルでした。

第一隧道は東西両口から掘削されました。わが国初の試みとして途中に二カ所の竪坑を掘り、都合四カ所

桜に彩られた琵琶湖疏水

から掘り進み、三年半後の明治二十二年二月に貫通しています。第一竪坑は藤尾奥町から七百四十メートル入ったところに設け、地上から隧道までの深さは四十五・五メートルあります。明治十八年八月に着手したものの掘り下げは一日平均二十一センチの難工事であり、翌年四月にようやく到達しています。第二竪坑は深さ二十二・七メートルで第一竪坑より規模は小さく、空気の取り入れが主目的であったと言われています。

第一隧道の入口、第二隧道の出口、第三隧道の出入り口には西欧建築風の石造門が設置され、そこには当時の著名人による扁額が飾られ、第一隧道入口には伊藤博文による「気象萬千」の扁額《へんがく》があります。

ところで、その第一入口門に鉄製扉があるのをご存じでしょうか。これは疏水の開削によって琵琶湖の水が直接京都市に流れ出して大洪水が起こるとか、反対に琵琶湖の水が涸れてしまうなどといった風聞に基づく反対運動があり、その対策として設けられたようです。

しかし、いまだかって琵琶湖疏水が原因となった洪水や枯渇はなく、閉門されたことはありません。それもそのはずで、琵琶湖南湖の標高は八十四メートルに対して蹴上はインクラインの頂上で七十八メートルと約八キロの距離をわずか六メートルの比高差で流水するように設計されています。

ただ、そこから岡崎動物園横の船溜まりまで約三十メートル落下します。その落差を利用して明治二十四年に水力発電所が設けられ、京都市内にチンチン電車を走らせたのです。現在ある煉瓦造りの建物は明治四十五年に第二期工事として建設され、今は使われていませんが横の建物で発電しています。

わが国が欧米諸国に追いつけとばかりに走り出した明治時代、日本人の技術力の高さを示し産業振興として建設された琵琶湖疏水は今も現役として活躍し続けています。そして、近代化遺産であるとともに琵琶湖や京都の景観を形成する文化財として平成八年（一九九六）国の史跡に指定されました。

（葛野泰樹）

第一入口門の鉄製扉

結びにかえて

湖の歴史なんて、それこそ〝水〟をつかむような話にはならないだろうか—。

平成十九年の十二月初めごろのことである。文化財担当記者として、「琵琶湖の歴史」をテーマにした連載企画をお願いしておきながら、内心は無理な要求をしてしまったのではないかと不安に思っていた。それだけに、執筆陣を代表する〝編集長〟の畑中英二さんから連載のラインナップを手渡されたときには胸が高鳴った。「塩津敦賀間運河計画」「信長の湖城ネットワーク」「日本の米相場の中心だった大津港」「湖底遺跡の謎」……。「中学生でも背伸びすれば理解できるレベルでいきましょうか」と編集方針も示され、さっそく翌年一月から連載がスタートした。

「近江の歴史」についての本は数多くあるが、「琵琶湖の歴史」、それも通史となると、まずないといっていいかと思う。そして今回、これをテーマにしたかったのには、二つの理由があった。

ひとつは平成十九年十月、琵琶湖最北部の塩津港遺跡から、「魚を盗みません」などと神仏に誓った平安時代末期の起請文木簡が大量に発見されたこと。記者発表の際に実物を見る機会に恵まれ、古代の水運業者と出会えたかのような生々しさに息が止まった。このとき、琵琶湖の水運史をクローズアップしたいと考えた。

もうひとつは、その翌月。滋賀県文化財保護協会と滋賀県教育委員会文化財保護課が、「近江湖《うみ》物語」と銘打った事業のなかで、歴史が根づいた琵琶湖の魅力を伝えるガイドブック「水の浄土　琵琶湖」を発行したこと（平成二十年十一月には二冊目の「湖幸比古《うみさちひこ》と豊湖比咩《とようみひめ》の世界」を発行）。財政難で文化財関連の予算もカットされるなか、限られた予算で琵琶湖の魅力を再構成しようという意欲的な取り組みで、「自然遺産」としては世界遺産の登録が難しい琵琶湖を、「文化遺産」として、あるいは「複合遺産」としてアピールできないか、という思いがあることも知った。

　こうした琵琶湖を見直す機運の高まりに乗り、これまで地域別、時代別に語ら

母なる琵琶湖　悠久の歴史今に

新連載「考湖学」10日スタート

大陸から畿内へ　交流の運河

湖上の覇権　天下統一の鍵

古代の宮都

急がば回れ

仏教の聖地

新聞記事（産経新聞社提供）

れてきた琵琶湖の歴史を通史的にとらえ、その魅力を再認識できる企画を展開できたら―。そんな夢を具現化したのが「びわこの考湖学」なのである。

「びわこの考湖学」の何よりの特徴は、実際に発掘調査をしている文化財専門職員が執筆していることだ。私自身、歴史に関する質問をもって、畑中さんをはじめとした方々を訪ねる機会がよくあったが、歴史談義の面白さに時間を忘れ、仕事も忘れてしまったことが何度か…。文献だけでなく、出土する遺物に込められた先人の息遣いに日々接しているからこそ、臨場感たっぷりに、歴史を身近なものとして描くことができるのだろう。

第二部は、「近江湖物語」事業を企画した大沼芳幸さんを新たに〝編集長〟に、編集員を阿刀弘史さんがされており、味わい深い連載が続いている。毎回、充実した話題を提供していただいている滋賀県文化財保護協会に深く感謝申し上げるとともに、より多くの方々が本書を手にされ、琵琶湖の面白さが広がっていくことを願ってやまない。

平成二十一年七月

産経新聞奈良支局橿原通信部＝元大津支局　記者　川西　健士郎

編集後記

本書は、産経新聞滋賀版に連載しました『びわこの考湖学』第一シリーズを加筆・訂正してまとめたものです。

平成二十一年（二〇〇九）、人事異動により、私は発掘調査の現場担当から整理調査の内勤担当になりました。もちろん前年には、本連載に執筆もさせていただきましたが、「連載を単行本にまとめる」という業務が自分にまわってくるとは思ってもいませんでした。

実のところ、前編集長である畑中さんから業務を引き継いだ時点では、かなり楽観していました。何といっても、すでに原稿は九割がた出揃っていて、「原稿がいつまでたっても集まらない」「執筆者に、どう言って早く原稿を書かせたものか」という悩みはありませんし、その上、新聞社への入稿前に内部でチェックし、さらに新聞掲載時に新聞社でも表記や表現を訂正していただいています。実際のところ、そのまま出版社に渡してしまうだけだと思っていました。

ところが、意外な落とし穴がありました。当たり前といえば当たり前なのですが、新聞連載を一週間おきに読むのと、単行本を最初から連続して読むのとでは、同じ「読む」でも、受ける印象はまったく違うことがわかったのです。新聞では、連続性のある話題の場合、先週の復習的記述を行いますが、これを単行本にしますと同じような記述が何度も登場することになり、読みにくい文章になります。

そこで、前編集長と出版社の方と何度も協議を重ね、読者の皆様に楽しく読んでいただけるように再編集させていただきました。

現在、新聞紙上では第二シリーズ『びわこの考湖学―琵琶湖をめぐる信仰の世界―』の連載を始めています。こちらも、多くの方々に読んでいただけるよう、職員一同、努めていますので、ぜひご覧いただき、ご意見を賜りたいと思います。

最後になりましたが、本連載を続けるに当たって、産経新聞大津支局の皆様には多大なご助力をいただき、さらに本書をまとめるに当たってご理解とご配慮をいただきました。また、サンライズ出版社様には、昨今の困難な出版事情にもかかわらず、編集やデザインなどで多大なご尽力をいただきました。そして何よりも、読者の皆様のご支持があってこそ、このように一冊の本としてまとめることができました。記して感謝いたします。

（阿刀弘史）

参考文献（著者・編者五十音順）

序章

・沖森卓也、佐藤信、矢嶋泉『藤氏家伝　鎌足・貞慧・武智麻呂伝注釈と研究』吉川弘文館、一九九九年
・財団法人滋賀県文化財保護協会・滋賀県立安土城考古博物館・滋賀県立琵琶湖文化館編『大仏はなぜ紫香楽で造られたのか　聖武天皇とその時代』サンライズ出版、二〇〇五年

第一章

・大津市歴史博物館編『近江・大津になぜ都は営まれたのか　大津宮・紫香楽宮・保良宮　古都大津・歴史シンポジウム』大津市歴史博物館、二〇〇四年
・大橋信弥『日本古代の王権と氏族』吉川弘文館、一九九六年
・大橋信弥『古代豪族と渡来人』吉川弘文館、二〇〇四年
・小笠原好彦編『勢多唐橋　橋にみる古代史』六興出版、一九九〇年
・木村至宏ほか『図説　近江の街道』郷土出版、一九九四年
・財団法人滋賀県文化財保護協会・滋賀県立安土城考古博物館編『古代地方木簡の世紀　西河原木簡から見えてくるもの』サンライズ出版、二〇〇八年
・滋賀県教育委員会・財団法人滋賀県文化財保護協会編『近江城郭探訪』サンライズ出版、二〇〇六年
・畑中英二「古代における琵琶湖の湖上交通についての予察」『紀要』第九号、財団法人滋賀県文化財保護協会、一九九六年
・畑中英二「中世瀬田橋界隈」『中世のみちと橋』高志書院、二〇〇五年
・林博通『大津京跡の研究』思文閣出版、二〇〇一年
・林博通『幻の都　大津京を掘る』学生社、二〇〇五年

第二章

- 赤坂憲雄、中村生雄、原田信男、三浦佑之編『人とモノと道』（いくつもの日本三）、岩波書店、二〇〇三年
- 内田保之「近江における古代官道に関する調査・研究の現状と課題」『人間文化』二四、滋賀県立大学、二〇〇八年
- 小笠原好彦編『勢多唐橋　橋にみる古代史』六興出版、一九九〇年
- 葛野泰樹「考古学からみた古代水上交通に関する一試論」『鷹陵史学』二五、一九九九年
- 『瀬田川』滋賀県教育委員会・財団法人滋賀県文化財保護協会、一九八三年
- 『芦刈遺跡・大中の湖南遺跡』滋賀県教育委員会・財団法人滋賀県文化財保護協会、二〇〇五年
- 千々和到「中世の誓約文書＝起請文の、二つの系列」『國學院雑誌』第一〇六巻第二号、二〇〇五年
- 『日本古代道路事典』八木書店、二〇〇四年
- 濱　修「滋賀県塩津港遺跡出土の起請文札」『古代文化』第六〇巻二号、二〇〇八年
- 横田洋三「滋賀県塩津港遺跡」『考古学研究』二一七号、二〇〇八年
- 「六反田遺跡」発掘調査現地説明会資料、財団法人滋賀県文化財保護協会、二〇〇七年

第三章

- 榎原雅治『中世の東海道をゆく』（中公新書）、中央公論社、二〇〇八年
- 小江慶雄『琵琶湖水底の謎』（講談社現代新書）、講談社、一九七五年
- 大津市歴史博物館市史編さん室編『図説　大津の歴史』大津市、一九九九年
- 小笠原好彦『近江の考古学』サンライズ出版、二〇〇〇年
- 滋賀県教育委員会・財団法人滋賀県文化財保護協会・滋賀県立安土城考古博物館編『湖国21世紀記念特別企画　20世紀近江発掘ベスト10展』滋賀県教育

委員会・財団法人滋賀県文化財保護協会・滋賀県立安土城考古博物館、二〇〇一年
・滋賀県教育委員会・財団法人滋賀県文化財保護協会編『近江城郭探訪』サンライズ出版、二〇〇六年
・畑中英二『信楽焼の考古学的研究』サンライズ出版、二〇〇三年
・林屋辰三郎編『新修大津市史』第二巻中世、大津市役所、一九七九年
・林屋辰三郎編『新修大津市史』第八巻中部地域、大津市役所、一九八五年
・別所健二「中世東海道の宿駅と野路宿について」『淡海文化財論叢』第一輯、二〇〇六年

第四章

・淡海文化を育てる会編『近江の城下町を歩く』サンライズ出版、二〇〇五年
・太田牛一著、奥野高広・岩沢愿彦校注『信長公記』角川書店、一九六九年
・大津市歴史博物館編『戦国の大津　天下統一の夢、坂本城、大津城、膳所城』大津市歴史博物館、二〇〇七年
・草津市教育委員会編『芦浦観音寺跡』草津市教育委員会、二〇〇四年
・三方よし研究所編『近江の商人屋敷と旧街道』サンライズ出版、二〇〇五年
・『中近世城郭分布調査』六、滋賀県教育委員会、一九八六年
・滋賀県立安土城考古博物館編『琵琶湖と中世の人々　信長以前・信長以後』滋賀県立安土城考古博物館、一九九八年
・滋賀県文化財保護協会編『近世の城と城下町』サンライズ出版、二〇〇八年
・市立長浜城歴史博物館編『解説書　湖北長浜と秀吉』市立長浜城歴史博物館、一九九六年
・『長浜町遺跡　第1次・第2次・第18次発掘調査報告書』長浜市教育委員会、二〇〇二年
・林屋辰三郎編『新修大津市史』第三巻近世前期、大津市役所、一九八〇年
・用田政晴『信長　船づくりの誤算』サンライズ出版、

一九九九年

第五章

・『大津城跡発掘調査報告書』大津市埋蔵文化財調査報告書二九、一九九九年
・大津市歴史博物館市史編さん室編『図説　大津の歴史』大津市、一九九九年
・大山崎町歴史資料館編『淀川を行きかう人々　河川交通と大山崎』第二回展示図録、大山崎町歴史資料館、一九九五年
・サンライズ出版編『近江商人と北前船』淡海文庫二〇、サンライズ出版、二〇〇一年
・『中近世古道調査報告3　東海道(1)』滋賀県教育委員会、二〇〇〇年
・林屋辰三郎編『新修大津市史』第三巻近世前期、大津市役所、一九八〇年
・彦根城博物館編『湖上水運の盛衰と彦根三湊』彦根城博物館、一九九九年
・米原町史編さん委員会編『米原町史』通史編、米原町役場、二〇〇二年
・牧野隆信『北前船の研究』（叢書・歴史学研究）、法政大学出版局、一九八九年

第六章

・草津市史編さん委員会編『草津市史』第一巻、草津市役所、一九八一年
・『航跡琵琶湖汽船100年史』琵琶湖汽船株式会社、一九八七年
・滋賀県教育委員会「新指定の史跡　琵琶湖疏水」『平成八年　滋賀県埋蔵文化財調査年報』滋賀県教育委員会、一九九八年
・滋賀県土木部『琵琶湖大橋建設記念誌』滋賀県、一九六六年
・『高島市海津・西浜・知内の水辺景観保存活用事業報告書』、高島市海津・西浜・知内地区文化的景観保存活用委員会、二〇〇八年
・田中真人・西藤二郎・宇田正『京都滋賀・鉄道の歴史』京都新聞社、一九九八年

・谷口嘉六・宮部義男『日本海と大阪湾を結ぶ水運の連絡』宝文館、一九三五年
・出口昌子『丸木舟』(ものと人間の文化史九八)、法政大学出版局、二〇〇一年
・中村直勝編『彦根市史』下冊、彦根市役所、一九六四年
・橋本鉄男『丸子船物語』サンライズ出版、一九九七年
・林屋辰三郎編『新修大津市史』第三巻近世前期、大津市役所、一九八〇年
・守山市誌編さん委員会編『守山市誌』歴史編、守山市、二〇〇六年
・山本晃子「重要文化的景観　高島市海津・西浜・知内の水辺景観」『滋賀県文化財教室シリーズ』二三二、財団法人滋賀県文化財保護協会、二〇〇九年
・用田政晴『信長　船づくりの誤算』サンライズ出版、一九九九年
・横田洋三「準構造船ノート」『紀要』第一七号、財団法人滋賀県文化財保護協会、二〇〇四年

執筆者一覧（五十音順、記載がないものは財団法人滋賀県文化財保護協会所属）

阿刀　弘史
伊藤　愛
岩橋　隆浩
内田　保之
大崎　康文
大道　和人
葛野　泰樹
金松　誠（桜井市教育委員会）
木戸　雅寿（滋賀県教育委員会）
木下　義信（守山市立埋蔵文化財センター）
小島　孝修
小竹森直子
坂下　実
重田　勉
瀬口　眞司
田井中洋介（滋賀県教育委員会）
田中　咲子
辻川　哲朗
中川　治美
中川　正人
中村　健二
中村　智孝
畑中　英二（滋賀県教育委員会）
濱　修
平井　美典
藤崎　高志
堀　真人
横田　洋三
吉田　秀則

協力者（五十音順、敬称略）

芦浦観音寺・大津市立大津市歴史博物館・大宮神社・神田神社・草津市教育委員会・草津市立草津宿街道交流館・滋賀県立安土城考古博物館・滋賀県立近代美術館・滋賀県立図書館・滋賀県立琵琶湖文化館・滋賀大学経済学部附属史料館・長浜市立長浜城歴史博物館・彦根市柳川自治会・彦根市立図書館・琵琶湖汽船株式会社・藤塚義宏・山田豊三郎・栗東市立栗東歴史民俗博物館

びわこの考湖学 1
琵琶湖をめぐる交通と経済力

2009年10月10日　初版第 1 刷発行

編　集　財団法人滋賀県文化財保護協会
発　行　財団法人滋賀県文化財保護協会
滋賀県大津市瀬田南大萱町 1732-2
TEL077-548-9780　〒 520-2122

制作・発売　サ ン ラ イ ズ 出 版
滋賀県彦根市鳥居本町 655-1
TEL0749-22-0627　〒 522-0004

ISBN978-4-88325-394-4　C0321